ONE

Lance Secretan

ONE

A Arte e a Prática da Liderança Consciente

Tradução e revisão
WILLIS HARMAN HOUSE

EDITORA CULTRIX
São Paulo

Título original: *One: The Art and Practice of Conscious Leadership.*

Dados Internacionais de Catalogação na Publicação (CIP)
(Câmara Brasileira do Livro, SP, Brasil)

Secretan, Lance
One : a arte e a prática da liderança consciente / Lance Secretan ; tradução e revisão Willis Harman House. -- São Paulo : Cultrix, 2007.

Título original: One : the art and practice of conscious leadership.
ISBN 978-85-316-0979-4

1. Administração 2. Liderança I. Título.

07-3989 CDD-658.4092

Índices para catálogo sistemático:
1. Liderança : Administração executiva 658.4092

O primeiro número à esquerda indica a edição, ou reedição, desta obra. A primeira dezena à direita indica o ano em que esta edição, ou reedição, foi publicada.

Edição	Ano
1-2-3-4-5-6-7-8-9-10-11	08-09-10-11-12-13-14

Direitos de tradução para a língua portuguesa
adquiridos com exclusividade pela
EDITORA PENSAMENTO-CULTRIX LTDA.
Rua Dr. Mário Vicente, 368 — 04270-000 — São Paulo, SP
Fone: 6166-9000 — Fax: 6166-9008
E-mail: pensamento@cultrix.com.br
http://www.pensamento-cultrix.com.br
que se reserva a propriedade literária desta tradução.

NOTA DO EDITOR

Embora a Arte e a Prática da Liderança Consciente sejam correntemente conhecidas no Brasil pelo seu nome em inglês – *One* –, no interior do livro optamos por traduzir esse termo para transmitir com mais clareza o conceito de unidade que embasa a teoria da liderança consciente.

Somos parte do todo a que chamamos universo. Pensar que estamos isolados é mera ilusão de ótica de nossa mente. Esse isolamento é como uma prisão para nós. Nossa tarefa consiste em ampliar o círculo de compaixão para nos sentirmos ligados a todas as pessoas e a todas as situações.

ALBERT EINSTEIN

SUMÁRIO

AGRADECIMENTOS

Este livro é resultado da contribuição de inúmeras almas amorosas. Passei bom tempo em companhia das pessoas notáveis cujas histórias são contadas aqui, inclusive Bernie Bredschneider, Rinaldo Brutoco, Don Campbell, Sue Ellen Cooper, Kirk Hoessle, Dave Loney, Dave Mowat, Amelie Noiseux, Paula Rosario, Adele Azar-Rucquoi e Jim Rucquoi, Scott Simmie, Frank Stronach e George Zimmer. Sem exceção, eles são líderes exemplares. Agradeço-lhes por seu tempo e dedicação, em alguns casos coragem, e em todos, cooperação generosa.

Minha colega Sarah Grimmer praticou os Princípios CASTLE diariamente, enquanto trabalhamos juntos. Partilhando generosamente seus conselhos sábios e incisivos, ela colaborou muito para a produção deste livro.

Ken Jacobsen reviu inúmeros rascunhos, oferecendo conselhos impecáveis e ótimas sugestões, muitos dos quais passaram a fazer parte da obra e a melhoraram muito.

Minha amiga de longa data e editora, Simone Gabbay, é também uma escritora e editora maravilhosa e, mais importante ainda, uma parceira criativa. Suas idéias sutis, argutas e imaginativas tornaram-se parte da tapeçaria de *ONE*.

Uma comunidade internacional cresceu à volta deste livro à medida que ele ia sendo concebido, redigido e desenvolvido. E isso em virtude de uma notável equipe de consultores, co-criadores, especialistas técnicos, publicitários, missionários, revisores e amigos, afora um fértil e valioso expediente a que sempre recorri e em que sempre confiei. Sou imensamente grato a John Halstead, Anna Harper, Elizabeth Jetton, Rob Katz, Laurie Kennedy, Shonnie Lavender, Sue Lindsay, Susan Nind, Anne Preston, Rob Ryder e Charleen Tupper. Um vasto círculo de centenas de pessoas no mundo inteiro auxiliou-nos generosamente com conselhos, idéias, pesquisas e críticas construtivas – moldando lindamente os princípios deste livro. Inúmeras participações em conferências internacionais, e-mails, conversas e visitas enriqueceram *ONE* e lhe deram mais clareza.

Tracey Gilmore, Tricia Field e Rae Brown formaram uma equipe de apoio incansável no Secretan Center e seus dons diferenciados fizeram toda a diferença para mim de um modo que merece minha mais profunda gratidão.

Obrigado a Boshira Toomey por suas precisas explicações da obra de Donald Winnicott; a Ron Szymanski por sua oportuna colaboração e a Don Bastian pela ótima revisão e as idéias criativas com respeito à estrutura do livro. Converter as palavras em elementos físicos foi tarefa brilhantemente executada pela equipe de *design* da Heidy Lawrance Associates e Fred Cheetham, e pela equipe gráfica da Friesens, uma empresa de cem anos pertencente à Mennonite que é um modelo vivo dos Princípios CASTLE.

Spirit, cão magnífico, fez-me companhia durante as longas horas de redação e contribuiu com sua presença, sabedoria canina e amor incondicional.

E – obviamente, "os últimos serão os primeiros" – minha maravilhosa esposa Tricia foi como sempre uma rocha, uma crítica imparcial e um sólido amparo. Nunca deixarei de amá-la. Nós somos todos um.

PREFÁCIO

Em 1980, deixei o cargo de executivo-chefe de uma grande multinacional e fui para a universidade, onde embarquei diligentemente numa nova aventura: transformar-me, de CEO ativo que era, em professor de CEOs atuais e futuros. No verão daquele ano, preparei-me para meus novos deveres estudando 150 livros sobre liderança, estratégia e tudo quanto é necessário para administrar organizações bem-sucedidas. Ansiava por aprender o que os pensadores e estudiosos mais destacados tinham a dizer sobre o assunto. Entretanto, a experiência deixou-me com uma estranha sensação, pois poucos desses livros descreviam o que eu de fato tinha vivido como líder durante os catorze anos anteriores.

Não conseguindo encontrar um manual que tratasse do tema tal qual eu o havia experimentado, escrevi um. Intitulava-se *Managerial Moxie* e contava a jornada de minha equipe no afã de ressuscitar uma empresa moribunda, a Manpower Limited, e transformá-la numa organização de primeiro nível, internacionalmente respeitada. Com 496 páginas recheadas de diagramas complicados, mapas, matrizes, modelos, fórmulas e teorias, o volume pesava quase um quilo.

Managerial Moxie adequava-se ao estilo da cultura universitária. Esse estilo exigia pesquisa minuciosa, validação empírica de teorias, estudos duplamente cegos e material de referência produzido por outros profissionais da área que, uma vez revisto e endossado por diversos comitês, passaria a integrar o currículo. Percebi que isso me levara a escrever um livro desnecessariamente complexo sobre um assunto, na verdade, muito simples. Nossas instituições acadêmicas às vezes criam um artifício de complexidade e separatividade que de modo algum reflete a realidade.

Desde então, escrevi catorze livros nos quais tentei desenvolver várias teorias que identificassem as características da liderança consciente e explicassem o que é viver uma vida estimulante. Notei que a liderança emana, não de algo exterior, mas do nosso próprio coração, mente e alma. Esse processo traz inspiração a outras pessoas, que, inspiradas, são motivo de inspiração de outras, que, por sua vez, inspiram a todos aqueles com quem entram em contato. Tudo isso, por fim, começa a vibrar para a criação de um mundo inspirado – a unidade em ação.

Desenvolveu-se toda uma estrutura de trabalho a partir das centenas de retiros, sessões de treinamento, seminários e exercícios de consultoria conduzidos no mundo inteiro com base nas idéias expressas nas páginas seguintes. Chamado *Higher Ground Leadership®* [Liderança de Nível Superior], este trabalho foi reestruturado, aperfeiçoado e burilado por outros ao longo de anos, tornando-se a metateoria que é hoje. Embora os seis conceitos fundamentais da *Higher Ground Leadership*, conhecidos como Princípios CASTLE (*Courage* [Coragem], *Authenticity* [Autenticidade], *Service* [Serviço], *Truthfulness* [Confiabilidade], *Love* [Amor] e *Effectiveness* [Efetividade], tenham sido ensinados para milhares de pessoas e por elas praticados, nunca foram resumidos em forma de livro – até hoje. *ONE* (UNO, UNIDADE), que você agora tem em mãos, é o resultado disso.

Com o correr dos anos, aprendi que viver uma vida estimulante e tornar o mundo um lugar melhor não é tarefa complexa. Na verdade, é muito simples e pode ser resumida assim: *Somos todos um e o mundo será um lugar melhor se amarmos uns aos outros e dissermos a verdade.* Pode-se entender isto como uma afirmação metafísica (que convido você a examinar, embora essa não seja minha principal intenção) ou como uma descrição pragmática da realidade.

Por isso, este livro é muito menor do que os anteriores de minha autoria. Se eu soubesse que há mercado para livros de uma única página, talvez escrevesse um livro de uma página só que diria simplesmente: "Se compreendermos que somos todos um e amarmos uns aos outros e dissermos a verdade, ficaremos todos mais inspirados e realizados, e o mundo será um lugar melhor". No entanto, ainda não existe a tradição de livros de uma única página! Hilel, sábio babilônio de origem judaica do século I, escreveu: "O que te é odioso, não o faças aos outros. Eis a íntegra da Lei – o resto é comentário. Anda, estuda o comentário". Todo grande mestre na história afirmou algo parecido: *Nós somos um; amai-vos uns aos outros e dizei a verdade.* Devemos, porém, continuar a dizê-lo na linguagem de cada nova geração.

Blaise Pascal observou certa vez: "Fiz esta carta mais longa que o usual por me faltar tempo de fazê-la mais curta". Houve tempo suficiente para tornar este livro simples e sucinto. Além de reintroduzir os conceitos de unidade, amor ao próximo e apego à verdade, proporei mais quatro características essenciais da vida estimulante, totalizando seis. É realmente simples assim!

Nem por um instante sequer pretendo insinuar que é fácil amar ao próximo e dizer a verdade – longe disso. Mas que é simples, é. E, quando [nos] amamos uns aos outros, e dizemos sempre a verdade, somos todos um. Compreender isso e aprender como vivê-lo é o cerne da mensagem deste livro.

Carl Jung escreveu as seguintes palavras no parágrafo final de uma carta a um colega: "Não se vai a lugar nenhum com teorias. Procure ser simples e sempre dê o próximo passo... Desça a encosta... e siga seu faro. Esse é o caminho mais direto ao seu alcance". Por isso decidi aperfeiçoar os Princípios CASTLE e escrever este livro. Espero que *ONE* (UNO, UNIDADE) seja mais um guia na sua jornada rumo à unidade em sua vida e que aprofunde sua prática como líder consciente.

INTRODUÇÃO

Este livro mostra como chegamos hoje ao ponto de pensar de maneira compartimentalizada, atomizada (circunstância a que chamarei *atomismo* ou *separatividade*) e como podemos voltar a pensar holisticamente (circunstância a que chamarei *holismo* ou *unidade*) e, por conseguinte, encontrar significado real na liderança e na vida.

O dicionário define "holismo" assim:

Teoria segundo a qual as partes do todo estão intimamente ligadas, de modo que não podem existir independentemente do todo ou ser compreendidas sem referência a ele, que, assim, é visto como maior do que a soma das partes.

Seu oposto, o "atomismo", é definido nos seguintes termos:

Abordagem teórica que considera uma coisa interpretável mediante análise de elementos distintos, separáveis e independentes.

Na Parte I deste livro, *A Arte da Unidade*, exploramos o surgimento de um renovado e poderoso desejo de unidade em nossa geração. Mostrarei até que ponto os progressos na tecnologia e nas comunicações dão maior ênfase a este desejo, que vai cada vez mais se aprofundando: é o anseio de recuperar o mito, o mistério e a magia de uma unidade que vivenciávamos antes da aurora da separatividade criada pelas idéias introduzidas na filosofia e na ciência. Este reconhecimento da nossa unidade é o que todos ansiamos encontrar em nossos líderes e, no fundo, cada um de nós almeja ser guiado por ele quando lidera.

A Parte II, *A Prática da Unidade*, mostra como recuperar o senso inato de unidade pela adoção e vivência de cada um dos Princípios CASTLE: Coragem, Autenticidade, Serviço, Confiabilidade, Amor e Efetividade, que nos permitem perceber os vínculos sagrados entre todos e tudo – a unidade dos seres humanos e das coisas.

Todo grande manifesto, como a pérola na ostra, é um belo artigo que se iniciou a partir de uma irritação. A Declaração de Independência dos Estados Unidos, a Magna Carta inglesa, a Carta 77 da Tchecoslováquia e a Declaração de Direitos e Liberdades do Canadá foram frutos da dor crescente da separatividade e do correspondente anseio de unidade. Elas são a descrição dos problemas encontrados, escritos às avessas, muitas vezes em prosa inspirada. Este processo de retraçar nossa caminhada rumo a um ideal mais elevado é também aquele do qual nasceram os Princípios CASTLE.

Como todos os conceitos fundamentais, estes princípios são idéias simples, bem conhecidas de todos nós. A novidade é o empenho em deixar de falar sobre elas e praticá-las – viver intensamente estes princípios em vez de induzir os outros a fazê-lo. Porque, quando *plenamente vividas*, estas atitudes perante a existência são profundamente transformadoras e inspiradoras para nós e para outros.

Não há nada de novo a aprender aqui, nenhuma grande teoria, ruptura ou equação, porque estes são conceitos já existentes dentro de nós. A determinada altura da nossa vida, eles foram intensamente vividos, quase sempre em tenra idade. Depois, no entanto, se perderam e ansiamos por tê-los de volta. Considere, por exemplo, o princípio CASTLE da *Coragem*. Quando tínhamos poucos desafios no jogo da vida – nenhuma hipoteca ou prestação de carro a pagar, nenhum cargo executivo a conservar –, éramos naturalmente mais corajosos. Dizer nossa verdade e agir de acordo com ela era fácil. Com o passar dos anos, acumulamos posses e responsabilidades e, num movimento inverso, nos tornamos mais cínicos, assustados e desprovidos do poder e da paixão de onde tirávamos nossa coragem.

O objetivo deste livro, portanto, é *inspirar você a se lembrar do tempo em que se achava no melhor de sua condição pessoal e a voltar a viver neste ponto alto*. Ao viver os Princípios CASTLE, vamos inspirar uns aos outros e passaremos a ver o mundo, não como partes separadas e desconexas, mas como uma coisa só [uma unidade].

Eu não descobri estes conceitos. Eles é que me descobriram. Perguntei às pessoas o que, em seu entender, caracterizava os relacionamentos não satisfatórios, em casa ou no trabalho, em política ou religião, no esporte ou no casamento, entre famílias ou amigos. Minha pesquisa revelou, de maneira típica, que é comum sermos desestimulados por pessoas que não são corajosas, autênticas, dedicadas, confiáveis, amorosas ou efetivas. Não fazia diferença se eram CEOs, mães que ficavam em casa ou atletas – ou se vinham de diferentes países e culturas. De fato, meus colegas e eu descobrimos que há muito pouca discordância a respeito do que dá sentido e realização no trabalho, independentemente das origens demográficas ou culturais das pessoas. Isto é corroborado por uma pesquisa de 2005, da Sirota Survey Intelligence, de Purchase, Nova York, que relata: "Mais da metade dos profissionais de Recursos Humanos entrevistados acredita erroneamente que existem diferenças significativas entre o que pessoas de diferentes gerações, culturas e países esperam de seus empregos. Há três objetivos básicos que a grande maioria dos empregados deseja atingir com seu trabalho, independentemente de idade, nível cultural ou situação geográfica". São eles:

- Realização ou orgulho do próprio trabalho – ser *um* com o que se faz;
- Camaradagem ou relacionamento positivo e produtivo com os colegas – ser *um* com os outros; e
- Eqüidade ou tratamento justo em questões como salário, benefícios e segurança no trabalho – tornar o esforço profissional *um* com o pagamento recebido.

Estes dados se baseiam em entrevistas com cerca de 3,5 milhões de empregados de centenas de empresas em todos os setores. Jeffrey Saltzman, executivo-chefe da Sirota, diz: "Embora possa existir um pouco de verdade nas crenças de alguns administradores com respeito a diferenças de geração e cultura fora do ambiente de trabalho, aqueles administradores que se orientam por essas diferenças dentro do ambiente profissional estão, na verdade, agindo com base num mito. Por exemplo, se os administradores esperam que pessoas da Geração X sejam muito diferentes, podem, então, elaborar políticas baseadas em suas expectativas mais do que na realidade do que as pessoas querem do trabalho. Isto não apenas é um desperdício de tempo e dinheiro como às vezes pode se transformar numa profecia que se auto-realiza – um círculo vicioso".

A realidade é que somos todos um e nossas tentativas de separar as pessoas classificando-as e reunindo e selecionando dados a respeito delas tendem a nos levar a uma atitude discriminatória obsoleta das mais contraproducentes.

Demos, pois, um pequeno salto intelectual rumo à constatação de que viver o contrário das deficiências limitativas – falta de coragem, inautenticidade, egoísmo, falsidade, desamor e ineficiência – poderia trazer à tona os talentos capazes de fazer toda a diferença. Assim nasceram os Princípios CASTLE.

Ao explicar estes princípios, proponho que reformulemos nossa visão de liderança – não apenas no contexto do trabalho, mas no quadro mais amplo da vida. Por que preferimos esta fórmula em vez da distinção mais comum entre "trabalho e vida"? Porque "trabalho e vida" é uma mentalidade que limita e fragmenta, baseada na separatividade. Pressupõe uma separação entre trabalho e vida quando, é claro, não há nada a separar – há *uma* coisa só, a *vida*, de que o trabalho é apenas uma parte. A busca infinita para equilibrar estas duas coisas é, dessa forma, uma busca desesperada, porque as modernas comunicações, a natureza global do ambiente de trabalho, a natureza cambiante daquilo a que chamamos "trabalho" e as acomodações culturais acentuam o óbvio: esse "equilíbrio" é irrelevante. Tais atitudes enfatizam nossa tendência à prática do modo de pensar separatista. A vida pode voltar a ser vista como uma se procurarmos ser líderes conscientes e inspiradores, que vivam vidas plenamente integradas. E todos somos líderes desde que respiramos pela primeira vez – quem consegue ignorar as exigências de um bebê insistente? O desafio, então, não é saber como podemos equilibrar vida e trabalho, mas como podemos viver vidas *integradas* a partir do reconhecimento de que todas as partes são na realidade uma só.

Este livro foi escrito para todos os tipos de líderes – administradores, consultores, executivos, CEOs, profissionais de Recursos Humanos e Desenvolvimento Organizacional, conferencistas e líderes de seminários, supervisores, pais, professores, treinadores, mentores, clérigos, funcionários públicos, profissionais de organizações sem fins lucrativos, terapeutas –, em suma, para todos nós que nos dedicamos a servir, conduzir e orientar outras pessoas – ajudando-as, bem como a nós mesmos, a encontrar mais valor e mais sentido na vida.

Incluí muitas histórias esclarecedoras sobre pessoas e empresas que aprenderam a valorizar a unidade da vida de forma satisfatória e, estão fazendo isso vivenciando os Princípios CASTLE. De muitas maneiras, este é um manual, mas conviria igualmente classificá-lo como uma coletânea de histórias de pessoas notáveis que puseram em prática idéias e teorias que realmente funcionam.

PARTE UM
A arte da unidade

1

O NOVO IMPERATIVO DA UNIDADE

Temos vivido com uma ilusão: a de que somos separados. Sempre que sentimos dor ou tristeza é porque nos isolamos das pessoas ou coisas que amamos. E, sempre que nos sentimos inspirados ou alegres, é porque estamos em unidade com as coisas ou pessoas que amamos. Todos os desafios e sucessos humanos podem ser explicados com base nessa noção.

> Se não temos paz, é porque nos esquecemos de que pertencemos uns aos outros.
>
> *Madre Teresa*

Quando estamos apaixonados por alguém, é como se nós e a outra pessoa fôssemos um só: duas almas, uma chama. Isso porque, de fato, somos.

Quando gostamos de fazer alguma coisa ou quando alguma coisa nos entusiasma, sentimo-nos como se estivéssemos em unidade com ela, porque estamos.

Quando nos preocupamos com os riscos que a natureza corre ou com a elevação dos índices de violência no mundo, sofremos porque sentimos a mesma dor. Nós a compartilhamos porque somos um só.

Imagine um dia claro e ensolarado. Você está se descontraindo em seu barzinho favorito. O coquetel de camarão tentador que pediu ao garçom chega, enfim, e você se encanta com sua beleza e apresentação. E enquanto admira o talento do *chef*, sua mente divaga. Surge então a pergunta que lhe ocorre sempre que se depara com criatividade, excelência ou maestria: “Como será que fazem isso?” Neste caso, você se indaga: “De onde terá vindo este petisco? O que foi necessário para prepará-lo tão bem? Quem o tornou tão especial?" Em seus devaneios, você se vê transportado para longe, junto a povos e países costeiros. Mais de um bilhão de pessoas vivem a uma distância de até 150 quilômetros do mar, de onde muitas tiram seu sustento – e todas dependem, em certa medida, da estabilidade entre o mar e a terra.

A produção de camarões no mundo expandiu-se de 2,9 milhões de toneladas cúbicas para 4,5 milhões somente nos últimos quinze anos, com a Ásia na liderança. A Tailândia, hoje o maior produtor mundial, obtém anualmente dois bilhões de dólares com essa indústria. Os Estados Unidos importam 88% de seu consumo, calculado em quatro bilhões de dólares, e os preços caíram 50% nos últimos dez anos. Metade da produção de camarões é cultivada. As nações pesqueiras aprenderam tão bem o cultivo de camarões em criadouros que ele atualmente responde por 50% da produção mundial. O camarão oferecido nos restaurantes e mercados custa hoje apenas cerca de dois dólares por quilo produzido.

Mas, para montar criadouros de camarões, é necessário remover mangues. Estes, um dia, cobriram mais de três quartos da linha costeira tropical do mundo. Hoje, isso não vai além de 37%. Há apenas cinqüenta anos, o litoral do oceano Índico estava pontilhado de incomensuráveis hectares de manguezais, com florestas tropicais pantanosas estendendo-se pelas praias. Os mangues são repositórios de biodiversidade, o lar da maior variedade mundial de árvores, samambaias e arbustos resistentes ao sal. Centenas de espécies diferentes de pássaros vivem nos mangues, que abrigam também aves migratórias. Os manguezais são ricos em vida marinha, inclusive plâncton, moluscos, crustáceos e peixes. Eles apresentam considerável população de crocodilos, macacos, gatos selvagens, lagartos e tartarugas marinhas.

À medida que os países em desenvolvimento da região expandiram e diversificaram suas economias, recifes protetores, dunas e manguezais foram sistematicamente eliminados ao longo de seus litorais. Nas últimas décadas, mais de 30% das florestas pantanosas dos manguezais do mundo, que cobriam dezenas de milhares de quilômetros da linha costeira, foram destruídos para abrir espaço aos criadouros de camarões. Estes trouxeram como resultado a eliminação de mangues das praias e o crescimento do turismo, hotéis, grandes cidades e outros progressos litorâneos.

A caminho de seus barcos, na manhã de 26 de dezembro de 2004, os pescadores perceberam uma estranha ausência da vida selvagem costumeiramente encontrada em seu trajeto, mas prestaram pouca atenção ao fato. Ao porem mãos à obra, parecia haver uma extraordinária abundância de peixes: cavalas, lulas, ciobas, sardinhas e outros. Nunca tinham visto tamanha profusão ou diversidade. De fato, lampreias e outras espécies raramente vistas naquelas águas eram, pela primeira vez, abundantes de modo fora do comum.

Nessa manhã, os pescadores, há muito acostumados às condições variáveis da pesca, estavam excitadíssimos, recolhendo as redes o mais depressa possível, certos de que sua sorte não poderia durar muito tempo.

Nas três semanas anteriores, tinha havido uma estranha e total ausência de peixes e o oceano se tornara profundo como nunca. E, naquele momento, o que era igualmente estranho, a maré parecia recuar mais e mais depressa do que até então haviam visto. Recifes de coral apareciam a apenas quatro metros num ponto onde a profundidade costumava ser de vinte. Algo de surpreendente estava acontecendo. A maré devia subir, mas baixava. Ninguém na praia prestara atenção, mas um quilômetro de areia cobria agora o espaço onde normalmente ficava o mar. Viam-se barcos de pesca encalhados na areia molhada.

A distância, talvez um quilômetro mar adentro, podia-se ver uma grande onda – angulosa, escura e movendo-se muito, muito rapidamente. Depois que o tsunami passou, trezentas mil pessoas morreram. No caos e destruição que se seguiram, um milhão de empregos se perderam somente na Indonésia e no Sri Lanka.

Poucas mortes foram registradas nos lugares onde ainda subsistiam manguezais: por exemplo, em Pichavaram e Muthupet, no sul da Índia. Perto do epicentro do tsunami, na Ilha Nias, Indonésia, as pessoas foram protegidas pelos mangues. A Birmânia e as Ilhas Maldivas sofreram menos porque seus mangues e recifes de coral estavam quase intactos.

Sentado no barzinho de calçada, você poderá pensar que coquetéis de camarão, preços mundiais do camarão, amigos em férias, desemprego, o silêncio dos animais, mangues, tsunamis e morte e destruição em doze países foram acontecimentos isolados. Mas fazemos parte de uma teia universal. Todas essas partes estão intimamente, inextricavelmente, invisivelmente ligadas – são uma coisa só.

O que descrevi acima não é nem de longe um quadro completo de todos os possíveis impactos e conseqüências da fome das nações por camarão e talvez nunca aprendamos a fazer as associações necessárias para identificá-las todas. Entretanto, podemos ficar mais conscientes do conceito de unidade e viver nossas vidas de um modo que reconheça as conexões sagradas entre todas as coisas e leve em conta as implicações de nossos atos para o todo.

Quando exercemos nossa condição de líderes a partir deste ponto em nosso coração, os resultados aparecem.

Tornando prática a unidade

O vice-presidente do sindicato dos funcionários de bordo da America West, Bill Lehman, atribui ao CEO Doug Parker a responsabilidade pela sobrevivência dessa empresa aérea numa época extraordinariamente difícil para o setor. "Se Doug não estivesse no comando em setembro de 2001, nós não estaríamos aqui hoje", disse Bill, que trabalha na America West há dezesseis anos.

Parker serve refeições aos funcionários no Dia de Ação de Graças e no Natal, e chega a trabalhar na rampa, carregando bagagens. "Você não acreditaria", comenta Lehman. "É realmente impressionante". O diretor do sindicato dos pilotos da America West, J. R. Baker, também se declara impressionado. Parker abandonou um torneio de golfe em Phoenix para intervir num caso que envolvia o filho de Baker, portador de um linfoma, convencendo pessoalmente a companhia de seguros a permitir que o rapaz voltasse ao hospital após uma recaída. "Ele é um ótimo sujeito", diz Baker a respeito de Parker.

Parker considera-se um com seus colegas de todos os níveis – não separado deles. E quando negocia com sindicatos, é tratado da mesma maneira – como um –, motivo pelo qual a companhia vai de vento em popa. Seus clientes, vendedores, funcionários, comunidades e órgãos de controle e fiscalização são todos um. Em 2005, a America West fundiu-se com a US Airways para tornar-se a maior empresa mundial de tarifas reduzidas.

Onde quer que estejamos e o que quer que façamos, pensemos ou sintamos, estamos ligados por laços sagrados uns aos outros e a tudo o que existe – a realidade da unidade. Quando desenvolvemos nossa consciência desta realidade, desenvolvemos também a nossa capacidade para a liderança consciente.

Rejeitando a separatividade

Segundo o Conference Board, 40% dos empregados não se sentem ligados a suas empresas e dois em cada três não se identificam com os objetivos do empregador nem se sentem motivados para apoiá-los. Cerca de 25% só estão lá para "receber o pagamento". Numa universidade do Meio-Oeste, um estudo revelou que entre 1988 e 2001 houve um impressionante aumento no número de problemas de saúde mental relatados pelos alunos. O número dos que buscaram ajuda por causa da depressão dobrou e o dos que pensaram em suicídio triplicou. O National Institute of Mental Health (Instituto Nacional de Saúde Mental) calcula que 13% dos americanos (19 milhões) com idade entre 18 e 54 anos sofrem de distúrbios relacionados à ansiedade e 9,5%, de distúrbios relacionados à depressão. A Organização Mundial da Saúde prevê que, por volta de 2020, o "fardo global da doença" (o número de anos de vida perdidos em decorrência de morte prematura ou invalidez) subirá de 10,5 para 15%. A tristeza e a infelicidade provocadas pela separatividade cobram um preço elevado.

Nos últimos anos, tornamo-nos cada vez mais conscientes de que a separatividade não nega apenas a realidade, ela também provoca doenças no corpo – e, o que é pior, na alma. Além disso, também nos tornamos conscientes de que o mundo ficou menor, mais interdependente e mais integrado. Como veremos, o anseio pela unidade, e pela experiência dela, não é coisa nova. Hoje em dia, entretanto, há uma nova consciência sendo sentida e ouvida pelo mundo afora, conclamando-nos ao retorno à unidade. A comunidade cresce em importância e a privacidade tornou-se história. A nova realidade – recente para alguns e vivida diariamente por outros – é a de que todos somos um.

Estamos conectados de modos que não percebíamos antes. A Anheuser-Busch, que usa arroz plantado no Missouri para fabricar cerveja, ficou preocupada ao saber que a Ventria Biosciences planejava plantar em fazendas do Missouri arroz transgênico contendo genes humanos. Esses genes adicionais fazem com que a planta produza duas proteínas que a Ventria pretende usar para o tratamento de problemas do estômago. A Anheuser-Busch percebeu que as plantas e sementes transgênicas poderiam migrar para as plantações destinadas à alimentação e, por fim, alterar o sabor de sua cerveja. Quando a companhia avisou que iria boicotar o arroz do Missouri caso a Ventria fosse em frente, a empresa de biotecnologia decidiu plantar seu arroz em outro lugar. Tudo em nossa vida está interconectado. Nós somos um.

- Se forçarmos os fornecedores a oferecerem mais serviços e mais qualidade a preços mais baixos e acabarmos, no final, expulsando-os do negócio, todos perderemos – pois fornecedores e consumidores são uma coisa só.
- Se brigamos com a pessoa com quem vivemos, ambos sofremos porque nosso relacionamento – nossa unidade – se rompeu. Isso prejudica nossa parceria e, por conseqüência, a nós dois, juntamente com filhos e amigos, empregos, saúde e bem-estar[1].
- Se, enquanto dirijo, jogasse pela janela do carro uma lata de refrigerante, posso pensar que o lixo atirado à estrada já não pertence ao meu mundo depois que eu me distanciar, mas estaria errado. Se milhões de outros fizerem o mesmo, os rios ficarão poluídos e a água potável ficará mais escassa. A Terra não é um sistema aberto – é um sistema fechado.
- Se engano ou roubo meus empregados, clientes ou fornecedores, talvez imagine que vá me sair bem, mas isso é um grande engano, conforme todos sabemos a partir da conduta ilegal e da ruína de muitos empresários.
- Quando convencemos uma criança a fazer algo de extraordinário, mudamos o mundo, pois todos somos um.

Nestes e em muitos outros exemplos citados neste livro há sempre causas e efeitos. (Estes são os termos usados no Ocidente; no Oriente, o processo é conhecido como *karma.*) Nunca há ação sem conseqüência – seja lá onde for – porque todos somos um.

O alcance de nosso auto-engano, provocado pela nossa crença na separatividade, e em nosso compromisso com ela – que isola e desconecta

1. Um estudo publicado no número de dezembro de 2005 dos *Archives of General Psychiatry* (Documentos de Psiquiatria Geral) revela que cônjuges em relacionamentos hostis costumam apresentar níveis elevados de stress. Este, de modo significativo, bloqueia a capacidade de autocura do corpo e aumenta o nível de citocinese pró-inflamatória, associada a um risco maior de desenvolver depressão, cardiopatias, osteoporose, artrite, diabetes do tipo 2, câncer e degeneração física geral.

aspectos de nossa vida –, tornou-se incalculável. Considere o que sucedeu a Bernie Ebbers, caído em desgraça quando, aos 63 anos de idade e à frente da WorldCom, foi sentenciado a 25 anos de prisão por orquestrar uma fraude contábil de 11 bilhões de dólares, a maior na história do país. Seus advogados pediram clemência alegando o desprendimento e a dedicação do cliente a obras de caridade! Esta bizarra fraude intelectual dá a entender que roubar com uma mão e fazer caridade com a outra são atividades separadas, mesmo quando praticadas pela mesma pessoa! Persistimos nessa ilusão quando magoamos os outros achando que não estamos nos magoando. A verdade é bem o contrário. Quando prejudicamos um cliente, prejudicamos a nós mesmos porque o cliente se torna um ex-cliente – e porque partilhamos o mesmo mundo.

A ilusão consiste em pensar que somos separados: que a goma de mascar que alguém cola sob a poltrona do cinema fará parte do mundo de outra pessoa terminada a sessão; que minha raiva, uma vez transferida a você, passa a ser problema seu, não meu; que meu departamento – ou mesmo minha empresa – está separado do seu; que, se eu esmagar um concorrente, ele será afetado, mas eu não. A ilusão é supor que estamos separados uns dos outros, separados de nossos atos, separados de outras regiões, culturas, religiões, companhias e crenças. Quando agimos como se estivéssemos separados – por exemplo, quando prestamos um serviço de qualidade inferior aos clientes ou exploramos nossos empregados –, esse ato de separatividade cria uma onda maior de separatividade.

Hoje, as pessoas se sentem cada vez mais distanciadas dos negócios e isso é contraproducente para o mundo empresarial. Em quase todos os campos, estamos passando pelo despertar poderoso de que não existe separatividade, apenas unidade. Martin Luther King Jr. disse: "A injustiça em qualquer lugar é uma ameaça à justiça em todos os lugares".

O ar que respiro é essencial para minha existência – para existir, tenho de respirar. Portanto, sou um com o ar: quando o ar acaba, eu acabo também. Do mesmo modo, a água e eu somos um. E a água *e* o ar – e *você* e *eu* – todos somos um, pois dependemos uns dos outros para viver. Portanto, nós, e tudo à volta de nós, somos um.

A onda não está separada do oceano; o oxigênio da água não está separado do hidrogênio; a onda não está separada da partícula; eu não estou separado de você. De fato, nada está separado de nada. Somos todos um.

A transparência revela nossa unidade

Corporações, governos, saúde pública, educação, aparato jurídico, casas de caridade, associações e grupos religiosos estão mais do que nunca sob severo escrutínio, agindo com plena consciência de que serão responsabilizados por seus atos – de que tudo quanto fizerem se tornará, mais cedo ou mais tarde, objeto de investigação, auditoria e denúncia da imprensa. A privacidade não existe mais. A lei Sarbanes-Oxley* dos Estados Unidos e o novo padrão empresarial internacional europeu, conhecido como Basle II, são apenas duas das muitas iniciativas que começam a mudar o jogo, exigindo níveis mais rigorosos de abertura e prática honesta na administração de negócios. Embora a Sarbanes-Oxley seja uma lei americana, ela se aplica a qualquer organização de qualquer país que tenha negócios nos Estados Unidos.

Por ocasião de uma viagem à Inglaterra, fiquei surpreso ao ler uma manchete de jornal que dizia: "Elliott Spitzer abala a indústria de seguros do Reino Unido" – em referência às investigações das práticas da indústria de seguros empreendidas pelo advogado-geral de Nova York em seu Estado. Note-se que aludimos aqui a *um* funcionário do governo eleito em *um* Estado americano, mas cujas atividades afetaram a vida e os negócios de milhares de pessoas no mundo inteiro. Este homem sozinho fez baixar as taxas de fundos mútuos, mudou a estrutura da pesquisa em Wall Street, forçou as empresas farmacêuticas a abrirem seus procedimentos clínicos ao escrutínio público e sacudiu o relacionamento entre companhias de seguros e corretores – no mundo todo.

A tecnologia nos torna um

A tecnologia é apenas uma das muitas forças a nos mostrar a realidade de que estamos todos ligados, orientando-nos, às vezes de forma relutante, para um clima de transparência e honestidade. Estamos interconectados e somos interdependentes de modos que parecem mais óbvios do

* Lei americana, assinada em 30 de julho de 2002, pelos senadores Paul Sarbanes e Michael Oxley. Motivada por escândalos financeiros corporativos, dentre eles o da Enron, a Lei foi redigida com o objetivo de evitar o esvaziamento dos investimentos financeiros e a fuga dos investidores, causados pela aparente insegurança a respeito da administração adequada das empresas. (Nota do Editor)

que nunca. E a tecnologia acentua a transparência ajudando a revelar *e* a fortalecer essas conexões como jamais aconteceu. Somos todos um[2].

Em 1992, quando o líder do Partido da Aliança Nacional 21, Chung Mong Joon, companheiro de chapa de Roh Moo Hyun, candidato à presidência da Coréia, com pouquíssima chance de vencer, retirou seu apoio a Roh a apenas sete horas do fim da eleição, as coisas ficaram aparentemente muito ruins para o último. Como se não bastasse, os três principais jornais do país, *Chosun Ilbo*, *Joong-ang Ilbo* e *Dong-A Ilbo*, classificavam Roh como um esquerdista perigoso que seria certamente derrotado. As primeiras pesquisas haviam mostrado Roh muito atrás de seu adversário, Lee Hoi Chang, líder do Grande Partido Nacional.

Autodidata, Roh vinha de uma família pobre e na juventude tinha sido preso por ajudar dissidentes a combater os regimes militares do passado. Em 1981, ele defendeu um estudante acusado de atividades antipatrióticas e boa parte de seu trabalho subseqüente consistiu em proteger, como advogado de direitos humanos, ativistas que lutavam pela democracia e por uma legislação trabalhista mais justa. Isso o tornou simpático aos estudantes e aos eleitores jovens. Admiradores de sua coragem, integridade e reputação como outsider independente, eles fundaram um fã-clube pela Internet a fim de promover seu futuro. Com o tempo, este grupo de apoiadores chegou ao número de setenta mil membros e ajudou a lançar o que se chamou de "Tufão Roh". A Internet possibilitou que Roh dispensasse o chamado "dinheiro negro" – doações de empresas, forma tradicional de financiamento de campanhas na Coréia do Sul. Graças, sobretudo a grupos empenhados na campanha pela Internet, Roh levantou o equivalente a quase um bilhão de dólares de mais de 180 mil doadores.

Sou apenas uma,
mas ainda sou uma.
Não posso fazer
tudo, mas posso
fazer alguma coisa.
Não vou me
recusar a fazer
aquilo que posso.
Helen Keller

Assim, a notícia da iminente derrota de Roh circulou rapidamente entre os jovens eleitores por meio de boletins na Internet e telefones celulares operados digitalmente por estudantes inteligentes que o apoia-

2. Uma Service-Oriented Architecture (SOA) [Arquitetura Orientada para o Serviço] é exemplo da crescente unidade nos softwares, que, embora escritos em linguagens diferentes e com diferentes propósitos, podem concorrer para um objetivo comum.

vam. Um site da Internet registrou três milhões de acessos entre meia-noite e 3 horas da manhã do dia da eleição – algo em torno de cinco ou seis vezes a média. Centenas de milhares de jovens adeptos de Roh fizeram milhões de chamadas por celular e oitocentas mil mensagens de texto passaram para os telefones de seus amigos, conclamando-os a irem às urnas e a votarem em Roh.

Por volta das 2 horas da tarde, outra pesquisa de última hora informava que Roh estava vencendo Lee por uma margem de 2 a 3% e, pouco depois do fechamento das urnas, Roh foi declarado vencedor.

A tecnologia se tornou um bem inestimável, para não falar de outros a que já nos acostumamos. Ela é uma ferramenta que, pela primeira vez na história, tem o poder de unir as almas do universo – para o bem. O funeral da princesa Diana assinalou o primeiro momento na história em que uma reportagem chegou simultaneamente ao conhecimento de um bilhão de pessoas no mundo inteiro, pela CNN.

A tecnologia elevou o nível de consciência no mundo ajudando-nos a ver quanta coisa temos em comum e fazendo-nos compreender que estamos unidos como uma só entidade. A tecnologia também fornece o meio para se examinar, endossar ou combater idéias e ações de qualquer habitante da Terra. Uma nova era de relações vai brotar disso – entre membros da sociedade e entre sociedades – com base no reconhecimento de que estamos todos ligados, de que nós todos somos parte de um único sistema universal.

Líderes empresariais, funcionários do governo, líderes da Igreja, atletas, artistas e até mesmo pais e mães estão sujeitos a escrutínio. Perdemos nossa condição de criaturas separadas, intocáveis. Compreendemos, enfim, que somos todos um e que somos mais parecidos do que diferentes uns dos outros. Somos humanos, vulneráveis, sensíveis, brilhantes, curiosos e magníficos. Somos capazes da grandeza e de cometer erros. Aprendemos que nossos ídolos, pintados em livros e filmes como protótipos do líder carismático, não estão afinal de contas imunes ao questionamento, uma vez que as questões relacionadas aos seus negócios e a sua ética pessoal podem ser discutidas abertamente e divulgadas mais rápida e amplamente do que nunca na mídia eletrônica, digital e impressa. Nem sequer um dígito ou documento com nosso nome está isento de exame.

Desde que foi formada em 2001, a Wikipedia – enciclopédia fenomenal, auto-organizada e de graça pela Web –, ficou bem mais volumosa que quaisquer outras existentes, muitas das quais levaram anos para ser montadas e atualizadas. É um sinal de como a Web atrai e aceita a unidade – mais de meio milhão de colaboradores enviam artigos e eles mesmos regulam o sistema, atuando como um só, e o tempo médio exigido para detectar, retirar ou corrigir as tentativas deliberadas de sabotar a autenticidade e a integridade da Wikipedia é de apenas 1,7 segundo!

O que quer que criemos, não o criamos apenas para nossos (imaginário) eus separados, mas para todos nós, pois obviamente somos todos um e a tecnologia auxilia a suavizar o caminho para a unidade.

O surgimento do líder consciente

Por que o recente interesse pela liderança consciente? Um dos motivos é que nossas expectativas em relação aos líderes e à liderança estão mudando à medida que tomamos mais consciência das falhas do pensamento de separatividade e do imperativo da unidade.

No passado, transformamos os líderes empresariais em ícones. Nós os separamos de nós, colocando-os em pedestais, cultuando suas personalidades, alardeando as suas glórias como se fossem salvadores heróicos. Incontáveis teorias da liderança cruzaram como meteoritos o céu escuro da história e agora estamos reavaliando muitos deles, juntamente com nossas opiniões a respeito de líderes de organizações, alguns dos quais construíram sua fama e foram exaltados por práticas como despedir anualmente 10% dos funcionários menos bem-sucedidos da equipe de vendas. Ansiamos por alguma coisa melhor do que isso – algo mais honroso para nossa unidade.

As pessoas que despedimos também são nossos consumidores, nossos amigos, membros da nossa comunidade. Enaltecer uma empresa que é "bem-sucedida" porque despede empregados pode parecer certo quando o fato acontece em outras companhias, mas é bem diferente quando acontece na sua e você é um dos despedidos. Empresas que são "bem-sucedidas" de acordo com um conjunto de medidas, mas fracassam segundo outro, ou que são "bem-sucedidas" à custa de outra, estão pondo em prática um conceito obsoleto: a separatividade. Hoje, os consumidores querem calçar tênis que estejam na moda e sejam baratos, *e* desejam que os funcionários que os fabricam sejam devidamente recompensados por seu trabalho. Estes são indícios de que uma nova maturidade começa a surgir, baseada numa consciência mais profunda. Já percebemos a necessidade de ajudar e apoiar aqueles que estão confusos, em desvantagem ou apresentam baixa produtividade em lugar de censurá-los ou despedi-los – ou exigir-lhes melhor desempenho, em vez de incentivá-los. Eis aí uma oportunidade estratégica inestimável para aqueles que estão conscientes, e uma advertência para os que não estão.

Inúmeras organizações, da Nike a McDonald's a Starbucks, resolveram alterar sua política em resposta a esta nova consciência. A Starbucks, por intermédio de sua fornecedora associada, Mississippi River Corporation, recebeu uma aprovação especial da Food and Drug Administration (FDA) [Administração de Alimentos e Medicamentos] para incorporar 10% de fibra reciclada aos copos de papel onde são servidas bebidas quentes. Os novos copos reduzem seu uso de três fibras em cerca de 2,5 milhões de toneladas por ano.

Isso não quer dizer que esta nova consciência vá tornar tudo fácil ou provocar uma transformação imediata e bem-sucedida. Tiramos nossos modelos de liderança da história, projetando os líderes como heróis e fazedores de milagre. Agindo assim, criamos um "culto da personalidade". Vê-se isso por toda parte, no mundo dos negócios, nos esportes, na indústria do entretenimento. O relacionamento que temos com essas personalidades infladas baseia-se na dependência, no poder e na separatividade. Criamos nossa forma moderna de servos e camponeses. Precisamos nos lembrar de que a história está cheia de exemplos de pessoas que "se sujeitaram" a esse tipo de líder. Pense em Gêngis Khan, Mussolini, Hitler ou qualquer chefe ensandecido e despótico. A condição humana é maleável e vulnerável às imposições de um Pol Pot, um Idi Amin, um Mao Tse-tung ou um Stalin. O rumo que os seres humanos tomam pode ser facilmente alterado por líderes poderosos, se o relacionamento deles com os seguidores se baseia na separatividade – a crença equivocada de que as conseqüências de minhas ações nada têm a ver comigo e não são agora, nem nunca virão a ser, problema meu. Como toda mudança radical, a renúncia a esta maneira de pensar, em favor de modelos de liderança consciente baseada na unidade, será desafiadora.

Em sua pesquisa, Bernice Kanner, autora de *Are You Normal About Money?* (Você é Normal com relação ao Dinheiro? – Bloomberg Press, 2001), descobriu que em troca de dez milhões de dólares, 25% dos entrevistados abandonariam todos os amigos e a fé religiosa, se entregariam à prostituição por uma semana e mudariam de sexo ou raça. E 7% (isso parece inacreditável: uma pessoa em cada catorze!) cometeriam assassinato por essa quantia. Mas as margens entre corrupção e virtude são estreitas. Muitos dos entrevistados disseram que fariam tudo isso por apenas três milhões de dólares, mas nunca por dois. Imagine só! Nestes tempos racionais, materialistas, parece que nossos princípios têm seu preço. Mas o fato ainda sugere outra coisa: que, embora entendamos o princípio da unidade em si, nos níveis mundanos estamos prontos para agir isoladamente até o perigo aumentar, quando então, instintivamente, recorremos à unidade porque, no fundo do coração, *sabemos* que precisamos uns dos outros.

Ao longo da história, houve numerosas oportunidades para os líderes, por sua personalidade ou demagogia, arregimentarem exércitos de seguidores que cometeriam os maiores desmandos a uma ordem sua. Foi esta a dinâmica do estilo egoísta de liderança vigente nos últimos mil anos. Ela funcionava melhor (se "melhor" for uma palavra adequada aqui) numa era em que nossas redes ainda não tinham sido democratizadas.

Ainda estamos aprendendo que o modelo de liderança egocêntrica, baseada no medo – o chefe como herói ou personalidade carismática – não funciona. Seus resultados não são consistentes. À medida que nossas sociedades passam de uma visão de mundo baseada na separatividade para outra baseada na unidade, alcançar resultados a partir de medidas inspiradas pelo medo só pode ser um fenômeno passageiro. Pais que subornam ou castigam seus filhos para conseguir alguma coisa; cônjuges que apelam para a chantagem emocional a fim de controlar o relacionamento; políticos que fazem promessas em troca de votos; sacerdotes que garantem a salvação de quem aceitar suas doutrinas e empresas que acenam com mundos e fundos para concretizar uma venda – todos confiam em manipulações baseadas no medo, que se revelarão transitórias e desestimulantes porque se fundamentam na ilusão da separatividade. Eles tentam controlar e conquistar, em vez de conectar e cooperar, única maneira de criar a unidade.

Hoje, estamos cansados do plano "racional" de dez pontos para conquistar liderança, que afirma conseguir resultados seguros. Nossos modos de pensar após o 11 de setembro são muito diferentes. Estamos sujeitando líderes e programas a um nível muito mais alto de questionamento. Atualmente, olhamos uns para os outros e perguntamos: "Quem é você de fato? O que você pretende e que valores representa? Quais as implicações mais profundas e mais amplas de seu comportamento? De que forma meus atos influenciaram seu comportamento? Você está mais ligado ao todo do que a seu próprio ego?" Procuramos líderes e mestres conscientes, preocupados não apenas em fazer o que está ao seu alcance, mas dispostos a amar e a respeitar o próximo, e que tenham um profundo compromisso com valores e um modo de vida inspiradores, sensíveis a tudo e a todos. Estamos fazendo perguntas que possam nos levar a um sentimento mais profundo de unidade.

E a recompensa inspiradora para todos nós, que deriva deste novo modo de pensar, é uma consciência crescente do lado bom das pessoas e de seu potencial para contribuir para uma unidade maior.

2

A UNIDADE PERDIDA

A unidade pode ser o ideal, mas a separatividade é o hábito. E hábitos são difíceis de mudar.

Por milhares de anos, aperfeiçoamos nossos conhecimentos práticos de separatividade, adaptando para isso nossos processos mentais, a habilidades de raciocínio, a educação, a mídia, os relacionamentos, a política, as religiões, as organizações e o convívio familiar. O mundo tornou-se uma verdadeira colcha de retalhos de separatividade. Em todos esses campos, há a maneira "certa ou errada", "boa ou má" de se fazer as coisas e de refletir sobre elas. Não se mudará facilmente um padrão construído ao longo de seis mil anos e os defensores do velho paradigma vão lutar furiosamente, apelando para qualquer argumento espúrio a sua disposição a fim de defender seu modo obsoleto e (aparentemente) mais confortável de raciocinar.

> É difícil produzir um documentário de televisão ao mesmo tempo inteligente e investigativo quando, a cada doze minutos, se é interrompido por coelhinhos dançarinos, cantando as maravilhas de um papel higiênico.
>
> *Rod Serling*

Mas, conforme disse Rumi, poeta sufi do século XIII: "Para além das idéias de certo e errado, há um campo aberto. Encontro você lá". É importante enxergarmos além dos certos e errados que caracterizam o pensamento dualístico – da separatividade – e podemos fazer isso melhor permanecendo abertos e ouvindo as vozes da unidade.

Tornamo-nos melhores de maneira quantitativa dando ouvidos a muitas coisas: à mídia, à Internet, ao noticiário, aos boatos, à propaganda, às oscilações da bolsa, às informações. Nestes quinhentos anos, e em particular durante os últimos cem, aceleramos de forma aguda nossa proficiência em atentar para a ciência, a razão, para o argumento racional, a lógica e a análise. Mas a que *deixamos* de ouvir? Nosso inconsciente, nossa intuição, os mitos que fazem parte de nossa herança ou os atuais, os mistérios da vida e a magia que nos rodeia. Hoje, essas vozes se perderam em sua maior parte porque são, em geral, consideradas uma fonte inferior de conhecimento em comparação com os dados quantificáveis.

Mito

Em seus diálogos *Crítias* e *Timeu*, o filósofo grego Platão (427-347 a.C.) descreveu uma nação insular que existiu há mais de onze mil anos chamada *Atlântida*. Era o reino de Posêidon, o deus do mar. A Atlântida era habitada por um povo talentoso de grande cultura e riqueza, além de ser importante centro de comércio e influência. Depois de se apaixonar por uma mortal chamada Clito, Posêidon construiu um magnífico palácio no alto da montanha, cercando-o com água e terra para protegê-lo. A Atlântida era governada por cinco pares de gêmeos. Na colina central, erguiam-se dois templos, um dos quais abrigava uma gigantesca estátua de ouro de Posêidon conduzindo uma carruagem puxada por cavalos alados. Ali os governantes discutiam leis, proferiam julgamentos e homenageavam Posêidon. Para facilitar as viagens, abriu-se um canal que cortava a ilha de norte a sul até o mar. Elefantes aravam a terra, que produzia abundantes ervas e frutos, em duas colheitas por ano. Durante gerações o povo de Atlântida viveu uma vida pacífica e virtuosa.

O relato de Platão derivava originalmente de Sólon (640-560 a.C.), o sábio ancião e legislador de Atenas. Numa visita à cidade de Saís, no Delta do Nilo, sacerdotes egípcios contaram a Sólon a história do desaparecimento de um grande império insular. O relato foi transmitido a Platão por Crítias, que o colhera do bisavô, que tinha conversado com Sólon a respeito dessa história. No *Timeu*, Platão cita a história de Crítias sobre a ruína da Atlântida tal qual um dos sacerdotes egípcios a contara ao sábio ateniense:

Havia naquela ocasião na ilha de Atlântida um império poderoso e magnífico que governava toda a ilha e muitas outras, além de partes do continente (...) Mas sobrevieram violentos terremotos e inundações: e em apenas um dia e uma noite de infortúnio (...) a ilha de Atlântida (...) desapareceu nas profundezas do mar.

A lenda da Atlântida é característica dos muitos mitos que orientaram as idéias e as decisões do homem primitivo. Trata-se da era *pré-científica*, que ocupou a maior parte do lapso de seis mil anos. Durante essa era, o que hoje entendemos por ciência não existia. Buscava-se por orientação em outra parte. Quando precisávamos de ajuda para tomar uma decisão, recorríamos a um *mito* – como a história da Atlântida –, que era transmitido por gerações. Esses mitos eram transmitidos pela tradição oral, pois poucos na época sabiam ler ou escrever. Assim, tais mitos viriam a formar a base do nosso sistema de crenças e, portanto, da nossa tomada de decisões. Na época, estas eram profundamente influenciadas, de fato muitas vezes inteiramente determinadas, pela mensagem e a metáfora contidas no mito.

Para uma antiga pergunta como "Por que estamos aqui?", havia incontáveis respostas fornecidas pelos mitos da criação, todas muito semelhantes. A maioria delas partilhava de temas relacionados a um vácuo, nascimento, dilúvio, forças benignas e malignas, desobediência, transições de vida, castigo, banimento, morte e redenção.

Mistério

Na era pré-científica, o *mistério* era também uma fonte comum e tranqüilizadora de conhecimento, sabedoria e compreensão. Estávamos dispostos a tratar como mistério a maneira pela qual os céus tinham se formado, ou como as plantas crescem, ou como o trovão explode. Há seis mil anos, não sabíamos as respostas científicas para estas questões, assim nós as elaborávamos e chamávamos de mistério. Muitas vezes, as pessoas nem sequer se preocupavam em dar uma resposta. Diziam que as coisas são assim. Não há nenhuma necessidade de saber.

Há duas maneiras de viver a vida: uma é como se nada fosse um milagre; a outra é como se tudo fosse um milagre.
Albert Einstein

Não estou defendendo uma volta à ignorância e sim uma aceitação renovada dos mistérios do universo, capaz de permitir uma melhor apreciação das maravilhas do mundo, de nossa própria magnificência e da dos outros. Quando encaramos cada momento de nossa vida como um problema ou como um enigma a ser resolvido, solapamos a essência e a sabedoria profunda de nossos mistérios.

Um amigo e eu (ele era meu cliente na época) admirávamos certa vez o Sol a descer abaixo do horizonte, o céu manchado de uma exuberante coloração de tons avermelhados. John é um líder consciente brilhante e eu tentava ensiná-lo a perceber o mito, o mistério e a magia de forma tão brilhante quanto ele escutava a ciência, a razão e a lógica. Perguntei-lhe: "John, o que você vê quando contempla um pôr-do-sol?"

"Vejo poluição e névoa provocadas pela inversão térmica", respondeu ele. "E me pergunto: a que distância está o horizonte? Quanto tempo você calcula que o Sol levará para desaparecer na linha do horizonte? Com muita freqüência me pergunto: por que razão costuma aparecer um ponto verde no poente neste exato momento? Penso que, enquanto vemos o Sol se pôr por aqui, há pessoas que o vêem nascer no mesmo instante do outro lado da Terra. Pergunto-me onde elas estão e quem são elas. Imagino qual será sua temperatura, por quantos anos mais o Sol existirá ainda. Ele é muito quente, você sabe – apenas 0,03 por cento da luz que incide sobre a Terra proporcionaria toda a energia de que precisamos. E me lembro de que a fusão atômica exige que os átomos sejam aquecidos a temperaturas quatro vezes superiores ao calor do núcleo do Sol. Você sabia que seriam necessárias 109 Terras, lado a lado, para abarcar o Sol?"

Perguntei-lhe: "John, o que você diz é muito interessante e significativo e, não obstante, me pergunto se alguma vez você apenas observou o pôr-do-sol e meditou e se maravilhou simplesmente com sua beleza. Alguma vez você chega a ser simplesmente um com o sol, sem análise, cálculo ou questionamento?"

Dar valor ao mistério da vida nos dá a capacidade de sermos um novamente – não separados e analíticos, mas unidos, observador e coisa observada. A ciência não está errada, mas ela é apenas *uma* maneira de ver a vida – o mito, o mistério e a magia proporcionam outras.

Magia

Na era pré-científica, elegíamos magos em nossas tribos e clãs – xamãs, médicos e curadores, ou pessoas santas ou religiosas – para se encarregarem da magia. Antes de tomar uma decisão, a pessoa procurava um mago, que preparava algum tipo de poção, preparava um ritual ou celebração, executava uma dança ou, talvez, fazia uma oração ou realizava um sacrifício. Qualquer que fosse o problema – tempo, saúde, fertilidade, prosperidade, ou segurança –, um feiticeiro sempre faria alguma coisa a fim de ajudar a encontrar a resposta aos desafios e às questões da comunidade.

Durante a era pré-científica, as pessoas confiavam no mito, no mistério e na magia para tomar decisões e para abrir seu caminho no mundo, considerando-os verdades universais que continham explicações e respostas para tudo. Compartilhar essas histórias universais fazia com que nos sentíssemos um, e nós as utilizávamos como guia na colheita, na caça bem-sucedida, na escolha amorosa, na criação das famílias e na escolha de nosso ofício. Desse modo, entrávamos em acordo, formávamos nossas impressões e mapeávamos o curso de nossa vida. A tranqüilidade de saber que compartilhávamos os mesmos mitos, mistérios e magias dava sentido a nossas vidas. Éramos um só e víamos todas as coisas como um todo integrado. Um ato ofensivo à Terra, por exemplo, devia ser evitado, porque poderia despertar um ato similar dirigido contra nós mesmos. Este é o modo como as coisas eram num mundo em que nós sabíamos instintivamente que éramos um.

Como passamos a nos devotar à separatividade

Podemos descobrir as raízes do modo como hoje interpretamos e pensamos a vida nos antigos teóricos gregos, especialmente nos filósofos pré-socráticos. Eles foram os primeiros a rejeitar as explicações mitológicas tradicionais, descritas anteriormente, dos fenômenos que viam à sua volta, em favor de explicações mais racionais. Começaram a empregar a razão e a observação a fim de descobrir a verdadeira natureza do mundo tal qual o percebiam e usavam argumentos racionais para explicar e promover suas teses.

Sócrates, geralmente considerado o pai da ética, desenvolveu um sistema de investigação conhecido como o Método Socrático, que é um processo negativo de eliminação de hipóteses. Força-se o surgimento de hipóteses melhores à medida que aquelas que levam a contradições são identificadas e eliminadas de modo sistemático.

O discípulo de Sócrates foi Platão que, por sua vez, ensinou Aristóteles. Os dois últimos moldaram o pensamento ocidental moderno num grau maior que qualquer de seus predecessores e talvez de seus sucessores. Aristóteles inaugurou o que passou a ser conhecido como método científico a partir de seu conceito de "indução", uma forma de raciocínio na qual as premissas de um argumento apóiam a conclusão, mas não a garantem. Eis um exemplo simples de raciocínio indutivo: "Uma bola de bilhar se move quando golpeada pelo taco; logo, para cada força, há outra força igual e contrária".

Depois, no final do século XV, a evolução do método científico recebeu um grande impulso de Nicolau Maquiavel, que promoveu uma nova e extraordinária maneira de pensar pela separação de política e ética. Isso introduziu um distanciamento radical da visão da vida como um todo completo, integrado para uma visão dela em pequenas partes separadas a fim de explicar o todo.

Não se pode decompor um mito. Não é possível separar as peças para descobrir o que compõe o todo. Um mito simplesmente é, e mistério e magia são a mesma coisa.

A natureza do mito, do mistério e da magia é um todo e é completa.

Maquiavel, político de pouca relevância, foi banido pelos Médicis para sua propriedade rural em conseqüência de suas simpatias republicanas. Ele escreveu *O Príncipe* entre 1513 e 1517, embora a obra só viesse a público em 1532. *O Príncipe* foi fortemente inspirado numa percepção astuta, nada sentimental da natureza humana, vista como defeituosa e egoísta, mas ainda assim tornou-se enormemente popular junto aos leitores italianos. Não se tratava de um texto convencional sobre protocolo ou estratégia. Ao contrário, ele estabeleceu uma nova maneira de se pensar sobre soberania e sobre como obter, aperfeiçoar e reter os recursos militares, políticos e psicológicos à disposição – mas tudo sem levar em conta a unidade. Seu livro modificou para sempre não apenas o pensamento político, mas também *nossa própria maneira de pensar*. Maquiavel escreveu:

> *O modo como vivemos está tão distante do modo como deveríamos viver que quem renuncia ao que faz pelo que deveria fazer promove antes sua ruína que sua preservação.*

Ao divulgar esta idéia, ele se afastou por completo do pensamento político antigo, não deixando espaço para o mito, o mistério e a magia que, quase exclusivamente, haviam moldado o pensamento humano no milênio anterior. Introduziu também a noção de que é possível agir contrariamente à moral sem arcar com nenhuma conseqüência, dando assim uma nova respeitabilidade ao conceito de separatividade.

No livro *Discursos contra Maquiavel*, escrito em 1576, o escritor francês Innocent Gentillet acusou *O Príncipe* de tratar a arte de governar com uma hipocrisia desumana e sem escrúpulos, e muitos, depois dele, denunciaram que o livro lançou as sementes da corrupção política francesa e de uma abordagem cada vez mais amoral da soberania, da política e da liderança social. Este novo modo de pensar, à maneira de um vírus, cruzou o canal da Mancha, espalhando-se pela Grã-Bretanha graças às obras de dramaturgos altamente influentes na época, como William Shakespeare e Christopher Marlowe. No prólogo de sua peça *O Judeu de Malta* (por volta de 1589), Marlowe faz Maquiavel se dirigir ao público, resumindo a percepção elizabetana de seu pensamento desta maneira: "Considero a religião um brinquedo infantil, /E sustento que não existe nenhum pecado a não ser a ignorância".

Tal qual se dá com todas as idéias radicais e revolucionárias, a reação inicial daqueles que estavam no poder foi a de se sentirem ameaçados. O Vaticano considerou *O Príncipe* tão perigoso e nocivo que o colocou no Índex dos Livros Proibidos em 1559. O Vaticano ficou profundamente alarmado ante o grave desafio de Maquiavel ao paradigma vigente, que se baseava no mito, no mistério e na magia. O que ele mais temia era o fato de Maquiavel ter feito algo que ninguém fizera antes: dar às pessoas um método novo e mais avançado de pensamento racional. E seus medos eram justificados porque este novo modo de pensar ajudaria a promover a era científica e o uso da separatividade como uma forma legítima de raciocínio. De fato, o método da separatividade de Maquiavel para observar os homens e a vida reprogramou nossos cérebros e refez, por assim dizer, nossos processos biológicos para a interpretação da existência humana. (Falarei mais deste processo no capítulo 3.)

Com a introdução da nova maneira de pensar de Maquiavel, as pessoas se sentiram estimuladas a analisar decisões fragmentando-as em partes distintas, separadas. Ele ensinava que era possível tomar boas decisões éticas que são más do ponto de vista político ou más decisões éticas que são boas segundo a perspectiva política (sendo "bom" e "mau", é claro, condições subjetivas).

Os escritos de Maquiavel inspiraram René Descartes, outro importante colaborador desta mudança radical na forma de pensar o mundo. Descartes, matemático e filósofo, utilizou e aperfeiçoou o novo processo de raciocínio de Maquiavel assegurando que, se uma coisa não pode ser medida, não é real. Desse modo, ele invalidou o mito, o mistério e a magia.

A teoria de Descartes e o pensamento dos novos cientistas da época deram origem à revolução científica, instaurando o paradigma baseado na análise e na lógica. A revolução científica eclipsou completamente a natureza particular do mito, do mistério e da magia, e *a noção de unidade iniciou sua completa retirada.*

Ciência onde não existe ciência nenhuma

A era científica contemporânea tem suas raízes nessa transformação já antiga. Hoje, vivemos uma época em que a ciência determina nosso sistema de crenças. Se alguma coisa for lógica e racional, se puder ser analisada e inserida numa equação ou registrada num gráfico – se for mensurável –, então acreditaremos que é real. Mas se, por outro lado, alguma coisa não puder ser avaliada por estes meios, ou se ela não puder ser definida por algum tipo de *software*, por um gráfico em forma de pizza, pela análise métrica ou empírica, nós a consideraremos "hiper-sensível", "morna e vaga" ou "boba". Talvez até duvidemos de sua existência ou a achemos perigosa. Por exemplo, embora em muitos casos os placebos sejam tão eficazes quanto os medicamentos, eles raramente são prescritos pela medicina ortodoxa. Além do efeito placebo, continuamos a ignorar o poder da unidade e do mito, do mistério e da magia, preferindo fazer uma escolha baseada naquilo que podemos medir "cientificamente". Muitos médicos rejeitam também a validade da cura espontânea, por não estarem conscientes de que somos parceiros de uma coisa muito maior – a unidade.

Isso não está certo. Nem mesmo está errado.
Wolfgang Pauli, sobre um artigo apresentado por um colega físico

Alguns dos mais celebrados pensadores da história trilharam um caminho que vai além da convenção acadêmica. Muitos pesquisadores concluíram que o gênio de Albert Einstein se devia tanto à natureza de seu ambiente quanto à capacidade de seu cérebro. Ele impôs o pensamento vivo de um pária ao seu trabalho. Como diz o eminente estudioso de Einstein, Gerald Holton: "Ele entra em cena como um completo desconhecido. Não tem absolutamente nenhum vínculo com a física do século XIX e a do início do século XX. Ele está na casa de seus vinte anos, com um emprego de tempo integral e deixa que sua mente divague. Não põe em perigo sua posição acadêmica porque não a tem, e pode correr esses riscos".

Nós levamos a "ciência" do pensamento racional perto de seus limites extremos e talvez estejamos pagando um preço muito alto por isso. Sumantra Ghoshal escreveu que "muitos dos piores excessos das práticas empresariais recentes se originam de um conjunto de idéias defendidas por acadêmicos das escolas de administração nos últimos trinta anos"[3]. Ele sustenta que as tentativas empreendidas por escolas de administração, em particular as de Harvard e Chicago, de descrever as emoções e os comportamentos humanos nos termos de uma ciência econômica "um tipo de física", levaram a teorias de administração simplistas. Estas teorias foram apresentadas como grandes teoremas apoiadas em complexos modelos matemáticos e análises empíricas, o que lhes valeu respeitabilidade universal (numa época em que a ciência é reverenciada) e uma aura de conhecimento profundo – quando, de fato, não há aí nenhum.

No caso da medicina, por exemplo, o "x" da questão, se me permitem, pode ser resumido desta forma:

- 1000 a.C.: Tome, coma esta raiz.
- 1000 d.C.: Esta raiz é pagã. Faça esta oração.
- 1800 d.C.: Esta oração é pura superstição. Melhor tomar esta poção.
- 1940 d.C.: Esta poção é à base de veneno de cobra. Tome esta pílula.
- 1980 d.C.: Esta pílula é inócua. Tome este antibiótico.
- 2000 d.C.: Este antibiótico não funciona. Tome, coma esta raiz.

Uma inteligência da Internet nos lembrou que, em 1000 a.C., sabíamos intuitivamente que a raiz era boa para nós, porque éramos um com

3. Ghoshal, Sumantra; Academy of Management Learning and Education (v. 4, nº 1), março de 2005.

Quando eu ouvia
o douto astrônomo,

Quando as provas,
as figuras, eram
alinhadas em
colunas diante de
mim,

Quando me
mostraram mapas
e diagramas para
somar, dividir
e medi-los,

Quando, sentado,
escutava o
astrônomo
apresentar-se sob
os aplausos da sala,

Logo me sentia
inexplicavelmente
cansado e doente,

Até me levantar e
sair sozinho

Pelo místico e
úmido ar noturno,

Olhando de tempos
em tempos, em
completo silêncio,
para as estrelas.

Walt Whitman

a Terra. Hoje, uma vez que já percebemos que não se consegue o bem-estar com as drogas farmacêuticas apenas, voltamo-nos de novo para os métodos de cura antigos e naturais, pois agora temos uma compreensão mais profunda de como tudo está conectado. A diferença é que, então, sabíamos *inconscientemente* que a raiz podia nos curar; hoje sabemos disso *conscientemente*.

Algumas universidades estão se movimentando, tornando-se mais cientes da necessidade de tratar do todo em lugar de só tratar das micropartes dos currículos tradicionais das escolas de administração.

Tanto a Harvard Business School quanto a principal escola de administração européia, a INSEAD, concluíram desta pesquisa que as duas ferramentas mais efetivas à disposição dos executivos no século XXI são a meditação e a intuição. Um número crescente de faculdades está chegando à mesma conclusão.

A Universidade de Stanford criou o Instituto de Design para ensinar a filosofia e a estratégia desta arte a alunos de administração, engenharia e design. O fundador desta escola é David Kelley, seu professor de engenharia mecânica no programa de design de produto e fundador também da famosa empresa de design IDEO, de Palo Alto. Kelley está seguindo os passos de outras empresas bem-sucedidas do ramo como a Target e a JetBlue Airways. O Instituto de Design do Instituto de Tecnologia de Illinois lidera igualmente este novo movimento nas escolas de administração. "Mais da metade de nossos formandos opta, nas empresas, pelas áreas de estratégia, marketing e pesquisa, e não apenas pela de design", diz Patrick Whitney, diretor do instituto.

O surgimento do design como novo parceiro no estudo de administração assinala a promissora tendência de se adotar uma visão holística e estética dos negócios, em lugar dos silos estreitos e tradicionais da especialização. Grandes empresas de consultoria como a McKinsey & Co. já perceberam isso e contrataram profissionais recém-formados nesses programas.

Talvez devêssemos implantar novos cursos do tipo "A Responsabilidade das Empresas com o Todo", "Como Respeitar o Espírito no Mundo dos Negócios", "Como Estabelecer Relacionamentos Duradouros", "Como Equilibrar Lógica e Intuição" e "Como Montar Empresas Capazes de Estimular a Todos" de sorte a podermos orientar aqueles que dirigem outros a adotarem o novo grau de liderança consciente que será essencial para nossa sustentabilidade constante.

Em muitas áreas, a mudança ainda é lenta. Por exemplo, no mundo tresloucado das editoras, poucos autores conseguem um contrato de publicação sem antes apresentar uma proposta (uma espécie de plano de marketing) contendo informações como público-alvo, processo de distribuição, estimativa de vendas, resumos de capítulos e de trechos representativos. E qual é o resultado desta "ciência"? Dos 195 mil títulos em língua inglesa publicados todos os anos, apenas 10 por cento obtêm retorno suficiente para cobrir o adiantamento de *royalties* que a editora paga ao autor e mais do que um em cada três exemplares de capa dura editados, impressos, distribuídos e comercializados voltam para o editor, onde permanecem no estoque ou são reciclados e se transformam em toalha de papel!

Estão surgindo exceções baseadas na unidade. A Berrett-Koehler é uma pequena editora de San Francisco com um catálogo de apenas trinta títulos por ano. "Quase todos os editores tratam os autores como uns chatos", diz Steve Piersanti, fundador e presidente da BK. "Nós os tratamos como parceiros" – em outras palavras, como um. Os autores se envolvem diretamente em todas as etapas de produção do livro, o que não é bastante incomum na área. O autor médio da Berrett-Koehler vende quinze mil exemplares – 27% mais que a média nacional e, embora Piersanti seja dono de 54% da companhia, cem autores, compradores, funcionários e fornecedores detêm os 46% restantes.

Em meio às grandes editoras, a Berrett-Koehler se destaca como modelo único. Em outros campos também podemos encontrar pessoas e organizações em papéis pioneiros. Em geral, porém, continuamos a excluir o mito, o mistério e a magia para confiar unicamente na ciência – não apenas preferindo a separatividade à unidade como também, muitas vezes, enfocando *as partes erradas*. Por exemplo, os Estados Unidos mantêm um aparato de pesquisa que custa dois bilhões de dólares por ano e emprega dez mil profissionais para avaliar o bem-estar da nação. A despeito das grandes mudanças no perfil da economia durante os últimos quarenta anos, nenhuma medida estatística nacional foi instituída até setembro de 2004, quando o Quarterly Services Survey apareceu para avaliar o progresso da informação e da tecnologia em nossa sociedade. Enquanto o PIB *per capita* dos Estados Unidos (valor de todos os bens e serviços produzidos, divididos pela população) triplicou nos últimos cinqüenta anos e embora sejam incontestavelmente o líder mundial pelos parâmetros econômicos, os Estados Unidos são apenas o 16º, de uma lista de 65 países do mundo, em termos de felicidade, segundo o World Values Survey. Entrementes, Nigéria, México, Venezuela, El Salvador e Porto Rico, países muito menos desenvolvidos, encabeçam a lista. Uma pesquisa semelhante mostrou que a felicidade atingiu o ponto alto na Grã-Bretanha em 1976, uma época em que o país se via às voltas com inflação descontrolada, terrorismo, estiagem, calças boca-de-sino e punk rock e o Fundo Monetário Internacional foi forçado a liberar financiamentos.

Há o crescente consenso de que confiar apenas na ciência para medir a riqueza material nas sociedades pós-industriais já não é, em si, o melhor ou o único caminho para determinar nosso grau de felicidade, em sentido mais amplo, seja em nossas comunidades, organizações ou famílias. Essa percepção está nos levando a buscar algo mais que a ciência e métrica. Queremos encontrar aquilo que reconheça nossa ligação com o quadro mais amplo. Não nos contentamos com a medida da pequenez de nossas vidas modestas, mas ansiamos pela medida da unidade de tudo aquilo a que estamos intimamente ligados.

A ciência às vezes é insuficiente quando recorremos unicamente a ela para tentar sondar as profundezas separadas de nossa essência – nossa inspiração brota da unidade desta essência.

Educar em favor do modo de pensar da unidade

Robert Maynard Hutchins tinha um senso muito apurado de unidade. Ele se tornou reitor da Universidade de Chicago em 1929, com apenas 30 anos. A combinação de sua relativa inexperiência com sua paixão e inteligência o levou a modificar os papéis da reitoria e da universidade.

Na época em que ele assumiu o cargo, a universidade era conhecida como uma instituição líder na pesquisa, com os programas de graduação e pós-graduação ficando em segundo plano em relação à literatura especializada, pesquisa e publicação. Hutchins, com a visão de que a universidade deveria formar indivíduos educados de forma liberal nas grandes obras do mundo ocidental, colocou o programa de graduação em primeiro plano.

Em 1952, esse homem, considerado um dos maiores pensadores da história da educação americana, escreveu um ensaio que foi um marco na promoção dos benefícios do que ele chamou de "educação liberal". Nesse ensaio, *The Great Conversation*, Hutchins argumentava que as obras clássicas do pensamento ocidental constituíam um longo diálogo no qual homens e mulheres de sucessivas gerações contavam como enfrentaram as miríades de problemas da humanidade. Estas obras, sustentava ele, devem ser lidas como parte de uma conversação contínua que habilita um estudante a elaborar sua resposta ao mundo no contexto daquilo que se disse e fez no passado – nossa jornada coletiva rumo à unidade.

Um dos maiores legados de Hutchins foi a seleção de 54 obras chamadas *The Great Books of the Western World*, uma coletânea magistral que contém as idéias, histórias e descobertas mais importantes dos pensadores e escritores ocidentais, de Homero a Freud (coleção que tenho, completa, em minha biblioteca).

Cresci com pais que compartilhavam da filosofia de Hutchins. Minha mãe era uma pianista de concertos e meu pai um conceituado engenheiro. Ambos quiseram que eu gozasse os benefícios de uma educação clássica: línguas, história, artes, literatura e filosofia. Eles queriam que eu apreciasse a unidade da humanidade, embora eu não o visse dessa maneira à época. Estudei grego e latim desde tenra idade e lia os textos originais de mitos e lendas a respeito de deuses e deusas, minotauros, sátiros, centauros, serpentes e demônios – personagens sobre-humanos que travavam guerras, mantinham intensos casos amorosos, fundavam e derrubavam dinastias. Assim, aprendi muito sobre a traição, o amor, a ganância, a tragédia e a alegria humanas.

Também aprendi francês, o que, juntamente com o latim e o grego, foi um presente para a vida inteira. Poucas palavras são um mistério para mim, hoje – seu significado pode ser encontrado nas raízes de uma palavra de uma dessas línguas. Mais tarde, minha família mudou-se para a

Argentina. Lá, estudei num internato durante cinco anos, sendo todas as aulas em espanhol. Muitos anos depois, já como CEO da Manpower Limited, inspecionei negócios em países de língua francesa e inglesa, trabalhando diariamente com equipes bilíngües.

Dou graças todos os dias por não ter sido estimulado a estudar só uma disciplina limitada, pois o que aprendi foi incalculavelmente mais útil para orientar e administrar empresas e para compreender a unidade das pessoas e da vida.

Para muitos líderes, dirigir uma empresa ficou resumido a um padrão tacanho de alcançar os números e resultados a cada período e isso tende a ser o modo como se define o sucesso e a capacidade de sua administração. Para muitos, essa maneira define quem somos. Em *O Pequeno Príncipe*, Antoine de Saint-Exupéry escreveu:

> *As pessoas grandes adoram números. Quando a gente lhes fala de um novo amigo, eles jamais se informam do essencial. Não perguntam nunca: "Qual é o som de sua voz?" "Quais os brinquedos que prefere?" "Será que ele coleciona borboletas?" Mas perguntam: "Qual é sua idade?" "Quantos irmãos ele tem?" "Quanto ele pesa?" "Quanto ganha o pai dele?" Somente então é que elas julgam conhecê-lo.*
>
> *Se dizemos às pessoas grandes: "Vi uma bela casa de tijolos cor-de-rosa, com gerânios nas janelas e pombas no telhado", elas não conseguem, de modo nenhum, fazer uma idéia da casa. É preciso dizer-lhes: "Vi uma casa de cem mil dólares". Então elas exclamam: "Que linda casa!"*

Misturando atomismo e holismo

Nada disso é para negar os incríveis frutos da ciência que tornam o dia-a-dia da nossa vida tão mais agradável do que ele seria de outro modo. Em lugar disso, proponho que *também* deixemos espaço em nossa vida e em nosso modo de pensar para a volta do mito, do mistério e da magia; que tomemos o melhor da ciência e o usemos para nos auxiliar a alcançar uma percepção melhor da unidade.

A quantificação, por si só, não é capaz de inspirar as pessoas; não proporciona a magia que buscamos. As pessoas são muito mais do que robôs que vão diariamente ao trabalho para cumprir sua quota, baseada num teorema pseudocientífico do *homo economicus* racional, interesseiro, utilitarista e sempre pronto a agradar aos acionistas.

A abordagem do "vamos medir tudo" não pode, por si mesma, elevar nossos corações ou espíritos. Ao contrário, ela nos desanima. Pode colocar um peso em nossa consciência e um conhecimento interior urgente de que tudo isso é, de muitas maneiras, artificial e rasteiro. A certa altura de nossa vida – ainda que apenas no leito de morte –, a maioria de nós chegará a perceber que há muito mais na vida do que apenas render-nos a nossas atividades na separatividade dos números que temos de atingir a cada período. Em algum lugar dentro de nós, a maioria de nós acredita, num nível interior de conhecimento, que existe alguma coisa maior, um mito, mistério ou magia que nos liga a um todo maior – a unidade.

É claro que administrar uma empresa – ou uma comunidade de pessoas para este fim –, e ser um líder responsável, exige de nós que prestemos atenção aos números e ajamos com prudência a partir da informação fornecida pelos dados quantitativos. Mas podemos ampliar nossos sucessos, liderando conscientemente nossas organizações com uma percepção maior da importância do mito, do mistério e da magia. É isso que inspira as pessoas que trabalham nelas, porque pessoas inspiradas acham um jeito de cumprir suas metas. Mas este não é o *único* ponto do exercício, e é aí que reside nosso maior potencial para exercer uma liderança inspiradora e consciente. Ansiamos por encontrar de novo nosso caminho e para ficar, mais uma vez, ligados àquilo que é real e que anima nosso espírito nas empresas e na vida contemporânea. Queremos passar da confiança *exclusiva* na ciência ou nos dados mensuráveis para a sensação da unidade que vem à tona quando também acolhemos o mito, o mistério e a magia.

E, sempre que insistimos em medir, temos de estar seguros de que estamos medindo a coisa certa e empregando as ferramentas adequadas para medi-la – e estas ferramentas, muitas vezes, podem ser nossos corações, em vez de nossas cabeças.

Por mais de vinte anos o Professor Edwin R. Keedy, da Faculdade de Direito da Universidade da Pensilvânia, começava sua aula inaugural escrevendo dois números no quadro-negro: 4 e 2. Em seguida, perguntava: "Qual é a solução?"

Um aluno respondia "Seis". Outro diria "Dois". Em seguida alguém gritava: "Oito!" Mas o Professor Keedy sacudia a cabeça enquanto lhes mostrava o erro coletivo: "Vocês são apressados demais para responder, mas nenhum fez a pergunta mais importante: 'Qual é o problema?' A menos que vocês saibam qual é o problema, não há possibilidade de encontrarem a resposta".

Bernard Baruch, financista e consultor presidencial americano, disse: "Se tudo o que você tem é um martelo, todas as coisas vão parecer um prego". As medições são assim. Meu amigo John poderia muito bem ter elaborado uma fórmula brilhante para o pôr-do-sol enquanto o observávamos e conversávamos. Mas os grandes líderes acolhem e transcendem quaisquer impulsos limitadores. Eles têm uma abordagem holística da vida e do trabalho, uma que, de um lado, abarca tanto a ciência e a capacidade de medir as coisas quanto a capacidade e a boa vontade para perceber o mito, o mistério e a magia e os valores que eles têm para nós, de outro. Esse holismo pragmático é um dos motivos pelos quais é tão difícil ensinar liderança e por que o contexto é vital para a compreensão da grande liderança e da efetividade de um líder inspirador e consciente.

3

A UNIDADE RECUPERADA

A tentativa agressiva, por parte da Oracle Corp., de se fundir com a PeopleSoft em 2003 gerou uma série de rumores segundo os quais metade dos funcionários desta última seria dispensada após a fusão. Os funcionários começaram a procurar emprego em outro lugar e as relações ficaram difíceis.

Em junho de 2003, Craig Conway, então CEO da PeopleSoft, declarou que a tentativa da Oracle se parecia com a de "alguém se oferecendo para comprar seu cão de estimação apenas para levá-lo para os fundos da casa e abatê-lo a tiros".

O CEO da Oracle, Larry Ellison, respondeu que, se alguma vez encontrasse pela frente Conway e seu cãozinho, tendo apenas uma bala na agulha, "a bala não seria para o cão".

Na reunião seguinte da PeopleSoft, Conway apareceu vestido com um colete à prova de balas e acompanhado de seu cão, Abbey.

Um ano depois, Conway foi substituído pelo fundador da PeopleSoft, o pouco convencional Dave Duffield com sua camisa havaiana, que imediatamente passou um e-mail aos funcionários: "É ótimo estar de volta" – ele escreveu. "Aqueles de vocês que não me conhecem podem esperar me encontrar pelos corredores, na estrada e nas lanchonetes à procura de sugestões e da oportunidade de conhecê-los."

Duffield não trouxe consigo apenas ciência. Trouxe de volta também o mito, o mistério e a magia do fundador. Reconheceu a necessidade de levantar o moral da organização e de transformá-la, e a seus funcionários, novamente num todo. Rapidamente, ele apresentou um plano a ser posto em prática caso outra empresa adquirisse a PeopleSoft e dispensasse empregados, assegurando-lhes de 150 a 200% de seu salário anual e bônus, além de dois anos de cobertura de assistência médica. Segundo Lynn Bersch, sócio do escritório de advocacia Reed Smith, especializado em causas trabalhistas, os planos da PeopleSoft eram uma "medida extraordinária". Bersch descreve a incerteza gerada por uma fusão hostil como "um grande problema para aqueles cuja sobrevivência depende do emprego. Nenhum empregado quer ficar por último".

Muitas empresas procuram garantir a situação de seus executivos em caso de fusão, mas poucas estendem os mesmos benefícios a todos os seus funcionários. Duffield percebeu a necessidade de identificar os problemas imensuráveis do espírito humano – a apreensão e a insegurança das pessoas – e lidar com estes problemas. Ele encarnava o mito, o mistério e a magia de um visionário grandioso que reconhecera, desde o início, a importância fundamental das pessoas ao dar o nome de People ["Pessoas"] Soft a sua empresa.[4]

Não há negócio igual ao show business, mas há muitos negócios parecidos com a contabilidade.
David Letterman

As mudanças estão no ar. Os fracassos da Enron, Arthur Andersen, Parmalat e MCI talvez sejam os últimos espasmos de uma era antiga. Jeffrey Immelt, diretor e CEO da GE, uma das mais respeitadas empresas americanas, disse: "A razão por que as pessoas vêm trabalhar na GE é que elas querem se ocupar de algo maior do que elas próprias. Querem se esforçar, querem ser promovidas, querem adquirir ações. Mas querem também estar numa empresa que faz a diferença, que realiza grandes coisas no mundo".

4. De qualquer maneira, cinco mil dispensas temporárias ocorreram após a fusão: Duffield não conseguiu manter o entusiasmo dos empregados. O CEO da nova empresa, Larry Ellison, em entrevista para a rede de televisão CNBC, declarou sem papas na língua: "Ninguém gostaria de ter mais empregados que empregos. Mas isso é apenas uma das coisas que acontecem quando duas grandes companhias se juntam". E acrescentou, com mais ciência que magia: "Sentimos muito". Dave Duffield ofereceu 10 mil dólares de seu próprio bolso para cada funcionário dispensado que ganhava menos de 150 mil dólares por ano.

As roupas do mestre zen

Um mestre zen vivia o tipo de vida mais simples em uma modesta cabana ao pé de uma montanha. Certa noite, enquanto ele estava fora, um ladrão invadiu a cabana, só para descobrir que ali não havia nada para roubar. O mestre zen voltou e o encontrou.

"Você percorreu um longo caminho para vir me ver", ele disse ao gatuno, "e não deve ir embora de mãos vazias. Por favor, leve minhas roupas como presente."

O ladrão ficou espantado, mas pegou as roupas e fugiu.

O mestre se sentou, nu, a contemplar a Lua. "Pobre sujeito", refletiu, "gostaria de ter-lhe dado esta Lua maravilhosa."

Tudo o que acontece pode ser transformado de separatividade em unidade. Não existem ações sem conseqüências, não obstante as afirmações de Maquiavel. Quando deixamos de entender isso, descuidando-nos de ver a vida como um todo, abrimos espaço a incidentes que parecem emanar de outros lugares, como o 11 de setembro. Mas estes eventos não acontecem por acaso. Acontecem porque estamos envolvidos numa totalidade. Eles são gritos, de uma parte de nós para outra, originados de nosso profundo desejo de formar um todo. Somos todos um.

Não há, é claro, nenhuma versão particular da verdade, uma única opinião válida, uma única visão correta, uma única resposta certa, uma única abordagem certa, ou nem mesmo uma única fé absoluta. Como disse James Barrie: "Eu não sou jovem o suficiente para saber tudo". Há sempre outro ângulo e é isso que faz o todo. Uma delicadeza para este é desagradável para aquele; um homem de fé para um é um infiel para outro. A bela pintura para um é um enigma para outro. O *yin* e o *yang* formam o todo.

Como líderes conscientes, tornamo-nos completos quando percebemos que nosso compromisso pessoal e concentrado de atingir os números e metas quantitativas não pode ser efetivo por si só, mas apenas quando faz parte do quadro geral – apenas quando vemos que é necessário algo mais que medidas para constituir o todo.

Unidade: o caminho à frente

A ciência *e* o mito, o mistério e a magia explicam a vida. Por si só, a ciência não pode explicar a beleza de um pôr-do-sol. Não consegue explicar o que é apaixonar-se, ou uma boa piada ou o cheirinho suave de um recém-nascido. Ela pode oferecer uma explicação técnica, mas não pode explicar a *experiência*. Você pode tentar me dizer, numa folha de papel, como é o cheirinho de um bebê, mas eu não *sentirei* o que você quer dizer. De igual modo, você pode fazer para mim uma descrição do que é apaixonar-se ou fazer amor. Eu lerei o que você escreveu e entenderei a definição. Eu posso até ver um quadro, ou assistir um filme, que descreva estes atos de outra maneira. Mas a única forma de eu poder sentir *e* saber o que é isso é *experimentar* pessoalmente. O mesmo se aplica a outros fatos da vida, tais como o sabor de um bom vinho ou de uma refeição fabulosa, ou a convivência com amigos.

Estas coisas estão além do alcance de medidas quantitativas; pressupõem serenidade e o sentimento de uma integração pacífica com um propósito mais abrangente. Talvez fosse isso o que Henry David Thoreau tinha em mente ao escrever: "Quando ouço música, não temo perigo algum. Sou invulnerável. Não vejo inimigos. Entro em contato com os tempos mais antigos e com os mais recentes". A ciência não é capaz de explicar essas experiências, que, no entanto, fazem parte da vida. De fato, alguns dirão que elas, muito mais que outras, é que fazem parte da vida.

Einstein afirmou: "Eu não descobri a Teoria da Relatividade usando apenas o pensamento racional". Ele a descobriu imaginando a si mesmo montado num raio de luz enquanto divagava, certa vez, no campo. Ele imaginou como seria viajar nesses raios sem as restrições de tempo e espaço. Adormecendo, teve um sonho que o levou à descoberta de sua grande teoria. Assim, esta descoberta, de um dos maiores pensadores de nosso tempo, não surgiu da ciência. Ela se originou de um sonho, do campo do mito, do mistério e da magia. Einstein disse também: "Quanto mais estudo física, mais me sinto atraído pela metafísica".

Em nosso pensamento linear, seletivo e cientificista, concedemos pouquíssima credibilidade e valor ao relacionar-se, ao estimular e ao liderar a partir do mito, do mistério e da magia – a partir da perspectiva mais ampla da unidade. Podemos evoluir e concretizar nosso potencial para além até de nossas fantasias, se reconhecermos que a grandeza de todos os tipos, inclusive a das descobertas científicas mais importantes, como Einstein nos mostrou, pode nascer dos sonhos e do mito, do mistério e da magia – quando vemos e compreendemos nossa ligação não só com as partes isoladas, mas também com a unidade da vida.

A consciência de que não estamos separados, não vivemos num mundo de pessoas, organizações, países, nações, coisas ou sentimentos distintos uns dos outros, é o passo individual mais importante rumo à transformação do nosso mundo. É esta consciência que muitos de nós aspiram ver em nossos líderes, colegas, amigos e familiares. E é esta consciência que fará a grande diferença inspiradora em nossa vida, em nosso trabalho e em nosso mundo.

Ser dez por cento

Uma pesquisa feita por Michael Merzenich, consagrado neurocientista da Universidade da Califórnia, em San Francisco, mostrou que, após cem tentativas, um rato de laboratório pode, todas as vezes, resolver com perfeição um quebra-cabeça. Depois de duzentas vezes, ele lembrará a maneira de resolvê-lo pelo resto da vida. O rato adquire proficiência e maestria não pela intuição, mas pelo trabalho constante de seu cérebro.

Os *scanners* MRI conseguem medir um efeito similar em seres humanos que aperfeiçoaram uma habilidade – flautistas, por exemplo, que desenvolveram as áreas cerebrais responsáveis pelo controle dos dedos, língua e lábios. Tarefas cotidianas, tais como espremer um tubo de pasta de dentes, andar de bicicleta ou selecionar nossa dieta, todas têm como conseqüência mudanças similares e permanentes no cérebro. Essas modificações se fixam profundamente e exigem um esforço significativo da maioria das pessoas para mudá-las. Por exemplo, segundo Raphael Levey, fundador do Global Medical Forum, 80% dos impressionantes dois trilhões de dólares gastos no sistema de saúde americano todos os anos são a conseqüência de cinco tipos de comportamento: tabagismo, alcoolismo, excessos alimentares, má alimentação, *stress* e falta de exercício. As pesquisas que mostram de que forma estes cinco hábitos levam à doença e à morte são incontestáveis e estão à disposição para todos verem.

Todavia, explica Edward Miller, decano da Faculdade de Medicina e CEO do hospital da Universidade Johns Hopkins, 600 mil americanos se submetem ao implante de pontes de safena e 1,3 milhão fazem angioplastia anualmente, gastando nisso cerca de 30 bilhões de dólares. Embora tais procedimentos aliviem a dor no peito, quase nada fazem para evitar ataques cardíacos ou prolongar a vida. Metade das pontes de safena implantadas se entope em poucos anos e o mesmo acontece com metade das angioplastias depois de alguns meses.

Miller diz: "Se você observar as pessoas que se submeteram a implantes de safena coronário-arteriais depois de dois anos, verá que 90% não modificaram seu estilo de vida. Isso tem sido repetidamente estudado. E, assim, estamos deixando de perceber alguma ligação aí. Embora saibam que padecem de uma doença grave e que devem mudar seu estilo de vida, por alguma razão elas não conseguem fazer isso".

Velhas idéias baseadas na separatividade se entranharam igualmente em nosso cérebro, tornando muito difícil mudar. É impressionante, por exemplo, que por mais de trinta anos o setor dos transportes aéreos dos Estados Unidos tenha visto a Southwest Airlines crescer e prosperar usando um modelo empresarial que é completamente diferente do seu próprio. Outras companhias aéreas se aferraram ao modelo antigo, mesmo quando se encaminhavam para a falência. Nenhuma percebeu que a conversão de todas as suas empresas de forma a se tornarem mais parecidas com a Southwest as teria capacitado a sobreviver. Foram necessários 24 anos para que outra empresa aérea, a JetBlue, aparecesse e adotasse o estilo da Southwest – e ela era uma iniciante, ainda não era uma empresa aérea consagrada. A Southwest Airlines detém hoje 10% do mercado e é a sexta maior companhia aérea dos Estados Unidos.

Este livro trata da maneira de estimular o mundo a adotar a visão dos detentores de dez por cento, começando pelo passo mais difícil – nós mesmos. Ele procura ensinar como reconhecer a falta de potencial num paradigma superado e as possibilidades de um novo, por mais difícil que seja renunciar a uma visão de mundo reconfortante, mas desgastada, e aceitar uma nova – e por mais difícil que seja remodelar nosso cérebro à medida que avança da separatividade para a unidade. Se aceitarmos a lógica, se fizermos o trabalho, poderemos nos tornar os pioneiros que evoluirão de 10 a 100% e, desse modo, mudarão o mundo.

Quando alguém nos diz: "Eu gosto de suas idéias, mas sejamos realistas... *eles* nunca vão mudar", referindo-se a outros em sua empresa que ocupam cargos mais elevados, isso quase sempre é linguagem cifrada para: "*Eu* não quero mudar". Quando isso acontece, deparamo-nos com uma encruzilhada. Um dos caminhos leva aos 90%, o outro aos 10%. A escolha é nossa.

A Parte II deste livro descreve o modo por meio do qual podemos optar por viver nos 10%, como podemos mudar nosso modo de vida, estreitar nossas relações com os outros e, conscientemente, orientá-los e estimulá-los e a nossas organizações, ultrapassando o modo de pensar racional, aceitando o todo, compreendendo que todos somos um – não separados –, combinando pensamento lógico com mito, mistério e magia.

Por que, então, ter de ser humano?
Oh, não porque a felicidade exista,
Não por curiosidade...
Mas porque estar-aqui significa muito;
Porque tudo aqui,
Passageiro embora, parece precisar de nós
E estranhamente nos conclama...
Ter sido
Uma vez, uma vez só que seja, completamente,
Ter sido um com a terra –
Isso está além do revogável

Rainer Maria Rilke (1875-1926),
poeta e escritor alemão

PARTE DOIS

A prática da unidade

Os estudantes que alcançarem a unidade avançarão para a dualidade.

Woody Allen

4

OS PRINCÍPIOS CASTLE

A pergunta, naturalmente, é: "*Como* seremos capazes de realizar a unidade?" De que modo devemos levar nossas vidas, em qualquer contexto e em qualquer papel, a fim de contribuir para o todo? Uma das formas pelas quais isso pode ser alcançado é por meio dos princípios CASTLE, que são o resultado de cuidadosos testes de campo, tanto formais quanto informais, de minhas teorias e descobertas acerca do modo que as pessoas e as empresas bem-sucedidas realmente fazem as coisas.[5]

CASTLE é um acrônimo para seis princípios de ser e agir que se revelaram e continuam a se revelar capazes de trazer a unidade para muitas vidas:

5. Ver meu livro *Inspire! What Great Leaders Do* (John Wiley & Sons, 2004) para mais detalhes sobre a implementação bem-sucedida, da parte de inúmeras organizações e indivíduos, de *Higher Ground Leadership®*, particularmente o prefácio escrito por quinze CEOs que descrevem suas experiências pessoais (www.secretan.com/inspire).

C **Coragem**: Ser corajoso o bastante para ultrapassar as fronteiras criadas pelas nossas limitações, medos e crenças, muitas vezes profundamente arraigadas. Só é possível iniciar uma mudança, de qualquer tipo, em nossa vida, quando temos coragem suficiente para tomar as medidas necessárias.

A **Autenticidade**: Assumir o compromisso de mostrar-se e manter-se inteiramente presente em todos os aspectos da vida. Remover a máscara para tornar-se um ser humano verdadeiro, vulnerável e amigo, uma pessoa não-absorvida em si mesma que seja autêntica e ligada aos outros emocional e espiritualmente.

S **Serviço**: Focalizar as necessidades dos outros, ouvindo-os, identificando suas carências e buscando satisfazê-los. Ser alguém que estimula em vez de adotar uma postura egoísta, competitiva, baseada no medo.

T **Confiabilidade**: Ser confiável em todos os pensamentos, palavras e ações e ouvir abertamente a verdade dos outros e recusar-se a comprometer a integridade ou a negar as verdades óbvias ou universais, mesmo quando negar a verdade, diante dela, possa parecer mais fácil, sobretudo em épocas mais difíceis.

L **Amor**: Aceitar a unidade subjacente com as outras pessoas e com a vida. Relacionar-se e estimular os outros, e tocar-lhes o coração de maneiras que tornem ambos, você e eles, pessoas melhores.

E **Efetividade**: Ser capaz de atingir com sucesso os objetivos físicos, materiais, intelectuais, emocionais e espirituais que estabelecemos na vida.

Os princípios CASTLE em ação

Os princípios CASTLE são uma teoria da vida. Mas não apenas isso: são também maneiras práticas e pragmáticas de viver.

Frank Stronach nasceu na cidadezinha de Weiz, ao pé dos Alpes austríacos, e cresceu num ambiente oprimido pela guerra e a depressão. Abandonando a escola aos 14 anos, ofereceu-se como aprendiz de ferramenteiro e matrizeiro. Ansioso para correr mundo, chegou a Montreal em 1954 e dali viajou de ônibus para Kitchener, Ontário, onde arranjou emprego de lavador de pratos num hospital local. Enquanto esteve lá, economizou dinheiro suficiente e mudou-se para Toronto, para procurar trabalho como ferramenteiro.

Em 1957, valendo-se de suas economias pessoais e de um empréstimo de mil dólares, o jovem Frank comprou tornos e fresas de segunda mão, a fim de montar sua oficina num cômodo alugado do velho distrito industrial de Toronto. Ali, trabalhando horas a fio e passando as noites numa cama de armar ao lado do torno, Frank começou a construir seu pequeno negócio, passando de dez empregados para a maior fabricante de peças automotivas do mundo, a Magna International, com faturamento de 20 bilhões de dólares.

Meio século depois, o furacão Katrina varreu Nova Orleans com vendavais e inundações, desalojando 750 mil pessoas. Foi a pior catástrofe natural da história dos Estados Unidos. A maioria das vítimas perdeu a casa onde morava e muitas se viram ameaçadas pela fome e pela doença, principalmente os idosos e os muito pobres. A ajuda demorava a chegar e a magnitude da devastação parecia suplantar os esforços dos serviços assistenciais, fazendo com que as medidas de socorro improvisadas parecessem fúteis e insuficientes.

Frank Stronach, então com 73 anos, resolveu ajudar e pôr à disposição das vítimas do Katrina os recursos, a experiência organizacional e o forte espírito comunitário de sua empresa. Lembrando-se de seus dias de penúria como imigrante recém-chegado ao Canadá, ele conhecia bem o desespero de ser pobre e faminto. "Essas coisas queimam no fundo da nossa alma", disse. Ele percebeu que era necessária uma ação rápida e corajosa.

"O melhor de uma empresa grande e lucrativa é que você tem capacidade para sair a campo rapidamente e ser útil", disse Stronach.

Em outras palavras, sempre há oportunidades para servir.

Em menos de cinco dias, após a irrupção furiosa do Katrina, Stronach reuniu uma pequena equipe de executivos da Magna, para orientar os esforços de retirar as vítimas de Nova Orleans e levá-las para o MEC Palm Meadows, o haras da Magna em West Palm Beach, na Flórida. O local tem acomodações para cerca de quatrocentas pessoas, oferecendo quartos equipados com camas, geladeiras, fornos de microondas e banheiros. Há também uma despensa, uma cafeteria e uma área de recreação.

Alugando ônibus e trabalhando com o exército dos Estados Unidos, a FEMA e a Cruz Vermelha Americana, a equipe da Magna conseguiu evacuar sem problemas 250 pessoas para Palm Meadows em 36 horas, mostrando efetividade muito antes de os serviços estaduais e federais conseguirem iniciar seus esforços de assistência. As instalações do MEC deram abrigo e acomodações confortáveis às vítimas do furacão.

Mas Stronach sabia que seu serviço à comunidade não podia acabar ali. Muita coisa ainda precisava ser feita e ele queria ser mais efetivo ainda. Entre os socorridos, havia famílias com filhos pequenos, idosos e deficientes físicos.

"Socorrer as pessoas, alimentá-las e providenciar abrigo para elas é a parte fácil", disse ele. "A parte desafiadora é o que você faz para colocá-las novamente em pé."

A Magna adquiriu mil acres de terra na pequena cidade de Simmesport, na Louisiana, e construiu 49 casas de três quartos, com cerca de 400 m^2, além de toda uma infra-estrutura que permitiria que as famílias desabrigadas pelo furacão começassem a reconstruir suas vidas. Stronach queria que a ação rápida e efetiva de sua empresa para auxiliar as vítimas do Katrina estimulasse outras companhias bem-sucedidas a responderem de modo semelhante a esta e a outras situações. "Nós demos um exemplo", explicou ele, "e, esperamos, mais empresas vão descobrir o que precisa ser feito." A Giffels/NORR, de Toronto, colaborou doando seus serviços de design ao projeto.

Apelidado de "Canadaville", o projeto de Simmesport incluía planos de uma fazenda para plantações de legumes orgânicos e criação de galinhas, porcos e vacas. Stronach estava confiante em que os desabrigados aprenderiam a ser fazendeiros efetivos e ajudariam a fazenda a se tornar lucrativa. Ele assumiu o compromisso de aplicar, durante cinco anos, 10 milhões de dólares para cobrir os custos com água, com a adubagem com matéria de esgoto e com melhorias na infra-estrutura do projeto de Simmesport. Ele também reservou fundos para a contratação de mais três policiais e para a compra de dois novos carros de polícia para a cidadezinha de 1.200 habitantes.

De que modo a comunidade de Simmesport reagiu ao projeto Canadaville? Era uma situação difícil, explica Dennis Mills, executivo da Magna, pois os moradores locais temiam turbulências e atos criminosos da parte dos novos vizinhos – o tipo de comportamento que tinham visto pela televisão logo após a enchente de Nova Orleans. Mas a perspectiva de vantagens econômicas para a comunidade convenceu enfim a maioria do conselho municipal de cinco membros a apoiar a iniciativa.

O prefeito de Simmesport, James Fontenot, não se surpreendeu com a resistência inicial. "Toda vez que você faz uma coisa diferente", disse ele, "surge um grupo de pessoas que são contra. Estamos apenas tentando mostrar a elas que este projeto vai funcionar".

O próprio Stronach era visto com certa desconfiança pelos moradores de Simmesport e também pelos desabrigados. Por que ele fazia aquilo? Qual seria sua verdadeira intenção? "Eu fiquei me perguntando o que ele ganharia com isso", disse Allen Wyman, um novo morador de Simmesport, vindo de Nova Orleans. "Mas descobri depois que ele é apenas um bom sujeito." Em outras palavras, as intenções de Stronach se revelaram corajosas, autênticas, dedicadas, confiáveis, amorosas e, é claro, altamente efetivas – Stronach estava *vivendo* os Princípios CASTLE e, ao fazê-lo, inspirava outros sendo um com eles.

Uma das razões pelas quais a Magna International conseguiu ajudar com tamanha rapidez e efetividade é fruto de outra das visões de Stronach, uma cultura corporativa conhecida como Fair Enterprise [Empresa Justa]. Este programa assegura o direito de funcionários, administradores e investidores a compartilhar os lucros que ajudam a obter e dá aos empregados e administradores participação na propriedade da companhia. Este afastamento corajoso dos caminhos tradicionais das empresas implica uma troca honesta de informações e um desejo profundo de servir os colegas com justiça e eqüidade. Esta "fórmula de sucesso" ajudou Stronach a construir seu negócio, tornando-o o maior e mais diversificado fornecedor de componentes, sistemas e módulos automotivos do mundo.

Hoje, a efetividade constante da companhia não apenas gera os lucros – sua permissão econômica[6] – que lhe permitem continuar bem-sucedida e servindo uma vasta clientela internacional, mas também a continuar retribuindo com benefícios comunidades próximas e distantes, local e globalmente.

Nos capítulos seguintes, examinaremos cada um dos Princípios CASTLE. Espero que eles consigam inspirá-lo, à medida que eles oferecem impulso cumulativo para você ampliar sua prática da unidade e, desse modo, aumentar seu compromisso com a liderança consciente.

6. Ver "A Efetividade como Permissão Econômica", no Capítulo 10, para uma descrição abrangente desse conceito.

5

CORAGEM

Um viajante levou seu fiel cãozinho dachshund, Wienie, a um safári de fotos pela África. Certo dia, passeando pela orla da floresta, Wienie ficou fascinado com umas borboletas que logo se pôs a caçar. Não tardou e, distraído, perdeu-se.

Procurando um jeito de sair da floresta, Wienie avistou um leopardo que deslizava ameaçadoramente em sua direção, com ar de quem finalmente havia encontrado o seu almoço. Wienie disse com seus botões: "Ai, ai, isso não é nada bom!"

> Seja corajoso e forças invisíveis acorrerão em seu auxílio.
>
> *Dorothea Brande*

Percebendo alguns ossos espalhados pelo chão, Wienie dispôs-se a trincá-los, de costas para o felino que se aproximava. E antes de levar o bote, exclamou a plenos pulmões: "Rapaz, veja só que leopardo delicioso! Será que há mais deles por aqui?"

Ao ouvir isso, o felino estacou. E, reconsiderando o ataque, safou-se de mansinho por entre as árvores, o coração batendo forte.

"Caramba", desabafou o leopardo, "essa foi por pouco! Quase que o cãozinho me apanhava."

De um galho próximo, um macaco esperto que observara a cena concluiu que poderia usar a artimanha do cãozinho em proveito próprio. Correu em direção ao leopardo, mas Wienie notou-lhe a partida apressada e suspeitou que aquilo iria provocar mais confusão ainda.

O macaco alcançou o leopardo e, quase sem fôlego, contou-lhe o que vira, caindo assim nas boas graças da fera. O leopardo, furioso por ter sido enganado, rosnou: "Suba às minhas costas, amigo, e vamos fazer uma visitinha àquele canino espertalhão".

Wienie procurava uma saída da floresta quando viu o leopardo aproximar-se de novo, dessa vez com o macaco no lombo. Pensou: "Pois bem, o que farei agora?"

Percebendo que escapar não era possível, sentou-se de costas para os dois, fingindo não vê-los. Quando eles chegaram ao alcance de sua voz, o cãozinho disse: "Onde está aquele diabo de macaco? Já faz uma hora que o mandei à procura de outro leopardo".

Como disse Emerson: "A coragem muda tudo!"

A coragem é o começo de toda grandeza

O primeiro passo de uma ação ou idéia ousada é a coragem, pois sem ela nada mais pode acontecer, especialmente uma coisa nova, arrojada, diferente, antagônica, desafiadora ou inovadora. É preciso coragem para ser um dos dez por cento.

> Idéias arrojadas são como jogadores de xadrez sempre dispostos a ir em frente. Eles podem ser derrotados, mas também podem iniciar um jogo vitorioso.
> *Johann Wolfgang von Goethe*

É preciso coragem para ter um pensamento independente, para sair de nossas prisões, dos nossos paradigmas. É preciso coragem para se abrir a novas formas de pensar e para aceitar idéias que contradigam as nossas. É preciso coragem para estar disposto a aceitar que o mundo pode ser maior do que pensamos que é, para levar em consideração o fato de que somos parte de um todo interdependente que não termina em nós, em nossa família, na empresa para a qual trabalhamos ou nem mesmo nas fronteiras entre nações. É preciso coragem para admitir uma nova consciência que nos assegura que cada uma das ações que fazemos afeta o todo.

É preciso coragem para trazer uma nova idéia à tona, defendê-la, abrir caminho para ela e implementá-la. É preciso coragem para dizer – de maneira inspiradora, é claro – que discordamos de uma decisão, de uma política ou de uma estratégia. O fracasso de inúmeras companhias poderia ter sido evitado com umas poucas palavras corajosas que questionassem, desafiassem, contrariassem ou propusessem uma alternativa ao *status quo* ou ao consenso do rebanho. Mostramos coragem quando apresentamos uma maneira nova de fazer qualquer coisa: uma maneira nova de administrar uma empresa; uma maneira nova de liderar; uma maneira nova de conduzir uma reunião; uma maneira nova de fazer campanhas publicitárias; uma maneira nova de selecionar e contratar pessoas; uma maneira nova de conservá-las ou de remunerá-las; uma maneira nova de governar um país.

É preciso coragem para falar abertamente, desafiar o conformismo e a tradição; ir na frente e resistir aos ataques, ao escárnio e às críticas de outros; para ser diferente. É preciso coragem para ser livre, para requerer o direito à própria voz, a reconhecer o próprio poder e a deixar o mundo ouvir a música dentro de nós.

É uma bênção que, em todas as épocas, alguém tenha tido suficiente personalidade e coragem para se posicionar a partir de suas próprias convicções.
Robert G. Ingersoll

É preciso coragem para reconhecer que estamos presos à rotina, que precisamos fugir da matilha e enveredar a passos largos numa nova direção, mais inspiradora e estimulante.

É preciso um líder corajoso para perceber que o êxito de sua empresa não pode se sustentar sozinho, porque, se uma empresa fracassa devido ao sucesso de outra, o mercado sofre uma perda e se torna menos por conseqüência – pois somos todos um. Quem vence numa situação assim? Quem lucra quando acabamos em um monopólio, depois de acabar com todos os concorrentes? No final das contas, isto é intimidação, o ato de um covarde, e este tipo de sucesso não nos beneficia, porque fere o todo.

Como perdemos a nossa coragem: a necessidade de amor e aprovação

Por que é tão difícil encontrar a verdadeira coragem? Todos nós nascemos com uma coragem grande e quase sem medo algum, mas, à medida que nossa vida se desenrola, as proporções se invertem. Quando crianças, gritamos por aquilo que queremos, sem medo das conseqüências. Somos corajosos porque somos um com o mundo – não existe nenhuma separação em nossas mentes e corações para nos tornar medrosos. Aos poucos, porém, trocamos nossa coragem e nossa integridade por aprovação.

A maior de todas as necessidades humanas é a de amor e aprovação. Se preferirmos não nos conformar às necessidades de alguém que nos ameaça, negando-nos seu amor e sua aprovação, defrontamo-nos com

A coragem não é a ausência de medo, mas, antes, a convicção de que existe alguma outra coisa que é mais importante que o medo.
Ambrose Redmoon

uma escolha entre duas alternativas: conservar a coragem e o poder pessoal ou perdê-los. Como Tweedledum em *Alice do Outro Lado do Espelho*, de Lewis Carroll, que observou: "Em geral sou muito corajoso, mas é que hoje estou com dor de cabeça", a perda de nossa coragem leva à perda do nosso poder pessoal.

Tudo começa aos pouquinhos e de maneira insidiosa. Na infância, aprendemos rapidamente respostas induzidas: o comportamento esperado que agradará àqueles de quem dependemos e que ameaçam tirar-nos o sustento, o conforto ou o afeto como "castigo" a menos que certas maneiras de nos comportar apareçam. É desse modo que somos "treinados", como somos criados e, em breve, esta passa a ser a resposta automática implantada em nosso cérebro. O psicanalista inglês Donald Winnicott (1896-1971) escreveu a respeito do potencial cumulativo de dano às crianças em fase de crescimento quando a submissão é obtida à força. Em seu livro *Maturational Processes and the Facilitating Environment: Studies in the Theory of Emotional Development* (International Universities Press, 1965), ele diz: "A submissão traz recompensa imediata e os adultos apenas a confunde facilmente com desenvolvimento".

Winnicott achava que a submissão promove o surgimento de um "falso eu" porque o "eu verdadeiro" não tem permissão para desabrochar. Respostas induzidas na fase pré-verbal, segundo Winnicott, impedem a manifestação do "gestual espontâneo" na criança. No final das contas, transferimos o que aprendemos – evitar a espontaneidade – para outras áreas da nossa vida, inclusive escola, religião, relacionamentos, trabalho e política. Já sem coragem de ser espontâneos, passamos a viver vidas sem autenticidade. Por meio deste condicionamento – o qual, por ironia, brota de nossa ânsia de unidade –, vamos aos poucos, mas sistematicamente, perdendo nossa coragem. Todavia, uma vez que isso acontece de forma bastante gradual, permanecemos, em grande medida, inconscientes da perda e da separação da nossa unidade com o mundo. A esta altura a sensação nos parece muito familiar, e ela garante a aprovação pela qual ansiamos.

Se alguém disser que nos falta coragem, a maioria de nós discordará. Estamos certos de que respondemos de modo corajoso à maioria das situações da vida. Mas, se examinarmos mais de perto algumas das diversas áreas da nossa vida – a maneira como nos comunicamos; a forma como nos relacionamos; o modo como trocamos informações; o que vestimos; o que pensamos; o que dizemos e até mesmo o modo como votamos –, veremos que todas estas são áreas nas quais nem sempre podemos mostrar nosso ser autêntico por causa da falta de coragem. E se começarmos a refletir acerca destas áreas de decisão da nossa vida, fica claro que em muitas ocasiões trocamos a totalidade pela aprovação.

Em seu livro *Sacred Contracts: Awakening Your Divine Potential* (Harmony, 2002), Caroline Myss escreve: "Quando você não procura e não necessita de aprovação externa, você está no auge da sua força. Ninguém conseguirá abalá-lo emocional ou psicologicamente... Você não pode viver longos períodos de tempo entre a polaridade de ser verdadeiro para si mesmo e a necessidade da aprovação alheia".

Quando nos falta coragem, separamo-nos de nossos valores e crenças, e agimos de formas que são incongruentes com os nossos sentimentos. Desse modo, tornamo-nos separados da nossa noção de totalidade – nossa unidade pessoal. Abandonar a ânsia permanente por aprovação é um dos primeiros passos essenciais para a recuperação da nossa coragem e, conseqüentemente, o sentimento de unidade pessoal tão importante para nossa realização e inspiração.

A coragem e a necessidade de domar nosso ego

É preciso coragem para aceitar e adotar conceitos que, à primeira vista, podem parecer contra-intuitivos porque podem não fazer parte da nossa percepção corrente, cumulativa. Se isso não fosse assim, não existiria o comportamento inadequado. Nós sempre atenderíamos às necessidades de nossos funcionários e clientes, os casamentos durariam para sempre e haveria paz na Terra. Ou, como Dorothy Parker disse em forma de gracejo:

Ah, a vida é um ciclo glorioso de canções,
Uma miscelânea de improvisos;
O amor é coisa que nunca pode dar errado
E eu sou Maria da Romênia.

É preciso coragem para agir com base em uma idéia ou conceito que parece não se adequar muito bem à nossa atual visão de mundo. Coragem para aceitar que coisas, idéias e pessoas das quais discordamos ou que desafiam nosso ego são muitas vezes os mestres de que necessitamos. Como salientou o Dalai Lama, "Nossos melhores mestres são nossos inimigos". Se olharmos para cada desafio como uma oportunidade para aprender e crescer, conseguiremos reformular nossos relacionamentos, idéias, ações e reações – e isso exige coragem.

> Diga sempre o que tem em mente, mesmo que sua voz trema um pouco.
> *Maggie Kuhn*

Exerço uma das melhores profissões imagináveis. Eu trabalho com pessoas maravilhosas, interessantes e brilhantes que amam de fato seu trabalho e vivem os princípios da unidade para inspirar e mudar o mundo. E, não obstante, constantemente me defronto com a necessidade de ser corajoso em meu trabalho. Sou um verdadeiro poste diante do qual muitos críticos levantam a perna. Tenho sido desafiado de todas as maneiras por todos os tipos de gente em diversas etapas de meu trabalho e já fui ridicularizado por propor teorias de liderança baseadas na coragem, na autenticidade, na dedicação, na verdade, no amor e na efetividade. É preciso coragem, especialmente no meio empresarial, para levantar-se e declarar que, se entendêssemos a natureza da unidade, amássemos uns aos outros, disséssemos a verdade e adotássemos o mito, o mistério e a magia, criaríamos um mundo mais inspirador. Isso exige coragem porque também tenho consciência de que há muitas pessoas que dependem de mim para conservar seu emprego e alcançar o sucesso profissional e pessoal; e se eu fracassar, de certo modo estou fazendo com que elas também fracassem.

> O fracasso não é nenhuma tragédia. Você precisa de coragem para se divertir à própria custa.
> *Charlie Chaplin*

Portanto, preciso de coragem para ser autêntico, para ser sempre quem sou verdadeiramente e para dizer aquilo em que realmente acredito, ao mesmo tempo que também estou aberto a possibilidades e idéias diferentes das que me despertam paixão. É aí que tudo começa: encontrar coragem para romper com o paradigma e com os padrões, para dizer à diretoria (como um cliente meu disse de forma tão corajosa): "Sei que os senhores querem esse resultado para o próximo período, mas, para ser bem honesto, não posso ajudar porque ele prejudicará as pessoas, e nós temos primeiro de respeitar o espírito humano e só depois olhar para o balanço. Portanto, dêem-me mais tempo, por favor" (o que eles fizeram, pois os diretores ficaram muito impressionados com a paixão e a coragem deste CEO).

Trabalhei, há pouco, em estreito contato com um grupo de trinta CEOs de uma grande organização. Minha tarefa consistia em orientá-los sobre o modo de instaurar uma cultura empresarial inspiradora a partir da comunicação saída de suas almas para as almas de seus empregados, vendedores e clientes. Quando terminei de apresentar minhas idéias, um deles, descartando-as por completo, voltou-se para mim e lançou uma violenta torrente de críticas envoltas em sarcasmo e ofensa pessoal. Depois de ventilar seus pontos de vista, sentou-se.

Não tenha medo de ficar em situação espinhosa. É aí que estão os frutos.
Anônimo

Perplexo e magoado, respirei fundo algumas vezes. O futuro de minhas relações com a empresa dependia daquele momento. Mas também o futuro da empresa *deles*. Tinham a oportunidade de crescer e de se tornarem brilhantes e inspiradores ou de permanecerem aferrados à mediocridade, à liderança desmoralizada e ao fracasso financeiro. Olhei para aquele que procurava me intimidar. Trinta rostos se voltaram para mim e o ar na sala ficou imóvel enquanto todos pararam de respirar.

"Tom", disse eu com calma, "gosto do que você está tentando dizer, mas será que você poderia dizê-lo novamente de uma forma que seja inspiradora?"

Sempre que você vir um negócio bem-sucedido, saiba que alguém ali tomou uma decisão corajosa.
Peter F. Drucker

Silêncio profundo. Aos poucos, todos recuperaram o fôlego. O que tinha ocorrido fora um momento de ensino-aprendizagem bem-sucedido, no qual aprendemos juntos alguma coisa a respeito de coragem, comunicação e inspiração. Essa empresa tornou-se, desde então, um dos nossos clientes mais bem-sucedidos e alcançou renome nacional como um brilhante estudo de caso de recuperação/mudança de posição – e Tom passou a ser meu companheiro de esqui.

A coragem é uma qualidade nobre que leva ao progresso e à autenticidade e, comumente, leva a algo maior do que a simples satisfação de nosso ego baseado no medo. Tim Berners-Lee poderia ser hoje o homem

> A covardia faz a pergunta – é seguro? A conveniência quer saber – é prudente? A vaidade indaga – está na moda? Mas a consciência vem com esta pergunta – será correto? E chega o momento em que você precisa assumir uma posição que não seja nem segura, nem prudente, nem esteja na moda; mas uma que você tem de assumir porque é correto.
> *Martin Luther King Jr.*

mais rico do mundo se tivesse sido um covarde. Em 1980, trabalhando na Cern, a Organização Européia para a Pesquisa perto de Genebra, ele se sentiu frustrado diante da dificuldade de rastrear os projetos e os muitos computadores usados para analisar experiências científicas. Desenvolveu então um sistema de expansão dos *links* de memória virtual, inicialmente para os cinco mil pesquisadores, mas, afinal, para qualquer computador em qualquer lugar do mundo. Ao fim das contas, este avanço importante, em parte, veio a ser a Internet (World Wide Web).

Em 1990, com 35 anos de idade, Berners-Lee resolveu não patentear seu *software* da Web porque se preocupava com a possibilidade de que uma Web (Rede) baseada na propriedade de um sistema pudesse levar a inúmeras outras Webs (redes) concorrentes, de propriedade de grandes empresas: torres de Babel digitais em lugar do sistema fluido e livre que existe hoje. Ele teve a coragem de ouvir a própria consciência e agir com responsabilidade, modificando o mundo ao conectar uns aos outros todos os usuários de computadores em vez de acumular uma fortuna pessoal. Com enorme coragem, ele preferiu reverenciar a unidade em lugar das partes separadas, que talvez pudessem ser mais vantajosas e lucrativas, mas certamente menos gratificantes.[7]

Ser corajoso, mais do que só falar a respeito de coragem

A coragem é importante em todos os aspectos da nossa vida: no trabalho, na escola, com nossos filhos, em nossos relacionamentos, como trei-

7. Tim Berners-Lee detém hoje a cátedra 3Com Founders no Laboratory for Computer Science and Artificial Intelligence Lab (CSAIL – Laboratório de Ciência da Computação e Inteligência Artificial) do Massachusetts Institute of Technology (MIT – Instituto de Tecnologia de Massachusetts). Ele dirige o World Wide Web Consortium, um fórum aberto de empresas e organizações cuja missão é levar a Web (Internet) ao desenvolvimento de seu pleno potencial.

nadores e mentores, na política. É aí que a grande liderança começa, tanto em ambientes organizacionais quanto em pessoais e domésticos.

A liderança empresarial não pode estar isolada do resto da vida – ela é una. Não existe nenhuma "liderança empresarial", existe apenas *liderança*, a melhor das quais é consciente e inspiradora, e tem como fonte a percepção apaixonada de ser uma com aqueles a quem lidera.

Sorious Samura era um dos nove filhos de uma família pobre de Freetown, em Serra Leoa. Enquanto freqüentava uma escola cristã de língua inglesa, aprendeu que o drama era um método efetivo para transmitir mensagens sobre a situação política de seu país. Quando trabalhava como assistente de um diretor de teatro, no final da década de 1980, descobriu uma câmera de vídeo digital e aprendeu sozinho a usá-la, tornando-se pesquisador da Cine Africa. Com equipes estrangeiras de profissionais, ele colaborou, mais tarde, na filmagem de três documentários para a UNICEF em Freetown e produziu o documentário *Giving Them a Chance* [Dando uma Chance a Eles], de dez minutos.

Confie naquela vozinha serena que diz: "Isso talvez funcione e eu vou tentar".

Diane Mariechild

Em 1999, Samura filmava os rebeldes que invadiram Freetown quando foi capturado, agredido e abandonado com a advertência de que, se fosse pego de novo filmando os rebeldes, eles o matariam. Os soldados ameaçaram arrancar-lhe o coração e comê-lo. Samura, hoje um respeitado produtor de documentários que mora em Londres, disse: "E eles cumpririam a palavra".

Samura teve sorte, pois poucos sobreviveram aos cárceres dos rebeldes e nenhum que não tivesse cicatrizes memoráveis ou membros extirpados. Corajosamente, ele logo voltou às ruas, escondendo-se atrás de janelas, esquivando-se de tiros de franco-atiradores, filmando a morte de pessoas em edifícios em chamas, multidões aterrorizadas, a tragédia da tortura de um rapazinho de 14 anos, as vítimas colhidas pelas balas do fogo cruzado e combatentes com a barriga ou a cabeça destroçados por projéteis de alta velocidade. O material filmado era tão perturbador que ele próprio não foi capaz de assisti-lo ao voltar para casa. Apesar das dificuldades de ser testemunha de tamanho horror e sofrimento, ele continuou filmando, com a câmera escondida, enquanto tentava mantê-la sempre firme.

O primeiro filme de Samura, *Out of Africa (Cry Freetown)*, um pungente relato das vítimas da guerra civil em seu país, ganhou um prestigiado prêmio Rory Peck. Durante a cerimônia de entrega, Samura disse: "Vocês me aplaudem por mostrar-lhes filmes de meus concidadãos matando-se uns aos outros. Mas onde estavam na ocasião? Por que não foram até lá? Não arrisquei a vida por um prêmio ou por dinheiro. Peguem de volta seu prêmio, se quiserem, mas vão para lá, vão para Serra Leoa".

A coragem é a primeira das qualidades humanas porque ela é a que garante as outras.
Aristóteles

Foi longamente aplaudido de pé.

Em quantas reuniões de negócios ou empresariais ousamos perguntar sem tomar fôlego: "Onde vocês estavam? Por que vocês não foram para lá?" Quantas vezes você já se perguntou: "Onde eu estava? Por que não fui para lá?"

Como freqüentemente associamos coragem com bravura em combate e situações semelhantes, não reconhecemos facilmente as formas mais sutis e profundas de coragem: não a coragem que brota da necessidade de demonstrar nossa força e confirmar nossa vitória sobre os outros, mas a coragem que nos permite ser autênticos e confiáveis, que nos permite revelar e expor nossa vulnerabilidade admitindo nossos equívocos, ou apresentar uma idéia nova que poderá ser ridicularizada no início – até mesmo a coragem de, vez por outra, dizer apenas "sinto muito".

Coragem é a capacidade de confirmar aquilo que pode ser imaginado.
Leo Rosten

Charles Swindoll escreveu: "A coragem não se limita ao campo de batalha ou às 500 Milhas de Indianápolis ou à captura corajosa de um ladrão em sua casa. Os verdadeiros testes de coragem são bem mais tranqüilos. São testes interiores, como permanecer confiante quando ninguém está olhando, suportar a dor quando o quarto está vazio, ficar sozinho quando se é mal interpretado".

Recuperando nossa coragem perdida: aprendendo a não julgar

Não temos nenhuma necessidade de *encontrar* coragem. Ela já está dentro de todos nós. Só precisamos recuperá-la.

Como podemos nos tornar corajosos novamente? Como descobriremos a coragem de dizer a alguém o que de fato estamos sentindo? De falar a verdade? De ser autênticos? De servir aos outros e respeitá-los? De amá-los? De ser efetivos em nossas relações e nas demais áreas de nossa vida? Em outras palavras, como encontraremos coragem para viver os Princípios CASTLE?

Mesmo o amor romântico pede que sejamos corajosos, que abramos nosso coração à criatura amada e que deixemos que ela tenha um vislumbre dos segredos da nossa alma. Às vezes, somos pressionados a recorrer à nossa coragem a fim de ver além de nossos preconceitos e julgamentos.

Adele Azar-Rucquoi jamais imaginou que encontraria seu Príncipe Encantado entre os pobres e sem-teto. Aos 59 anos, depois de procurar por toda parte o homem de seus sonhos, estava prestes a desistir de sua busca.

Então o destino se apresentou, como faz freqüentemente: um telefonema de sua amiga Lynn mudou sua vida para sempre.

"Adele, conheci um sujeito que lê Thomas Merton", disse Lynn. "Chama-se Jim. Quero que você o conheça."

Adele tinha lido apaixonadamente tudo o que o monge-poeta escrevera. O caminho simples para Deus, traçado por Merton, moldara-lhe a alma. Ele dizia coisas como: "A maior tentação humana é contentar-se com pouco". Mas havia um problema, ressalvou Lynn. Jim não tinha casa e vivia pelas ruas de Orlando havia mais de um ano. Não tinha nem teto nem dinheiro. Isso fazia dele um candidato improvável para Adele, que lutara com questões relacionadas a dinheiro a maior parte de sua vida.

Na juventude, Adele se rebelara contra a obsessão de seu pai, imigrante, por dinheiro, que ele ganhara com economia e trabalho duro, construindo primeiro sua própria mercearia e adquirindo bens imóveis na Flórida. Depois de concluir o curso universitário, Adele sentiu-se inclinada a devotar-se mais a Deus; converteu-se ao catolicismo e contornou as questões de dinheiro fazendo voto de pobreza como freira. Dezesseis anos depois, deixou o convento e logo se viu trabalhando em três empregos ao mesmo tempo para fazer frente às suas necessidades materiais e não deixava de perceber que, agora, seguia os mesmos padrões que outrora censurara no pai. Quando ele faleceu, vários anos mais tarde, Adele se viu na posse de uma herança considerável. O dinheiro que amaldiçoara agora lhe pertencia.

> Nós temos aquilo que procuramos. Isso está aí o tempo todo e, se lhe dermos tempo, ele se apresentará a nós.
> *Thomas Merton*

Adele era, agora, uma mulher rica. Por que quereria conhecer um desabrigado, ainda que ele, de fato, adorasse Thomas Merton?

Mas a amiga Lynn, que era bastante intuitiva e podia ler no coração e na alma de uma pessoa sem proferir julgamentos, não viu em Jim o vagabundo, mas o estudioso, o poeta, o filósofo – e o parceiro ideal para Adele.

Com relutância, Adele aceitou comparecer ao café da manhã arranjado por Lynn. Sentada no restaurante, bebericava nervosamente o café, esperando por Jim e se preparando para o pior. Será que ele viria em farrapos? Cheiraria mal? Seria desagradável? Quando ela avistou Lynn se aproximando, a distância, acompanhada de um homem alto e esbelto, seus temores se dissiparam. Jim tinha cabelos macios e bem-penteados, da cor do trigo, uma bonita barba e olhos azuis, honestos. Parecia um professor bondoso e distraído. Galantemente, ele apertou a mão de Adele e puxou as cadeiras para as duas mulheres. Não parecia submisso nem nervoso. Ao contrário, conversou com naturalidade sobre seu novo *laptop*! Adele ficou perplexa: um mendigo com um laptop! Aquilo era um estranho começo para uma mulher rica e um homem muito pobre. Adele procurou não demonstrar seu espanto. Debruçada sobre o prato de ovos com bacon, ela sentiu voltar sua calma.

Não julgue um livro pela capa antes de lê-lo.
Jamie Lee Curtis

Não havia como negar a atração que ela sentiu por Jim. Estava fascinada com cada uma de suas palavras e gestos. Que história, ela se perguntava, estaria por trás daqueles olhos e daquele sorriso fácil? Que acontecera àquele homem que o tinha feito cair tão baixo? Por que escolhera uma vida de vagabundo?

Embora a conversa corresse solta, estas perguntas tácitas criavam um embaraço evidente entre eles. Lynn percebeu e, já próximo ao fim do encontro, retomou seu papel de casamenteira: "Espero que você vá à próxima palestra de Merton. Não se preocupe a respeito de como chegar lá – nós vamos apanhá-lo", disse jovialmente a Jim. "Isso seria ótimo", respondeu ele, voltando-se para Adele.

Encontraram-se mais duas vezes – primeiro na palestra de Merton, depois num piquenique ao qual Jim convidara Adele. Adele aceitou o convite com reservas, sem saber onde Jim encontraria dinheiro para o lanche. No dia do piquenique, ela, ainda hesitante, se dirigiu de carro para o local marcado, mas decidiu estacionar a algumas quadras de distância e percorrer o resto do trajeto para encontrar Jim a pé. A idéia de descer de um Cadillac para saudar seu namorado sem teto parecia imprópria.

"Onde está seu carro?", foi a primeira pergunta que Jim fez. "Não vim nele", mentiu Adele, sem coragem para dizer a verdade.

A condição de sem-teto de Jim não comprometia seu talento de anfitrião. Serviu sanduíches, batatas fritas, refrigerantes e até um bolo de sobremesa. Impressionou Adele com sua desenvoltura e habilidade. Mas logo sua conversa se voltou para um tópico mais sério: Jim escolhera aquela ocasião para revelar francamente seu passado para Adele, respondendo às perguntas que a assombravam desde o primeiro encontro. A história de Jim, Adele descobriu, era mais complicada e penosa do que poderia ter imaginado.

Bem no fundo, a verdadeira e não-realizada vocação de Jim era a de ser artista e poeta, mas ele sufocara esses dons todos os dias, esforçando-se para ser o que não era – um sucesso no mundo dos negócios. Tinha se casado jovem e logo se defrontara com a necessidade de sustentar a esposa e dois filhos; e, portanto, fez o que se exigia dele para garantir o sustento da família. Mas, após percorrer durante vários anos este caminho falso, percebeu que tinha afundado em sombras densas e experimentou um sentimento profundo de fracasso pessoal. O casamento terminou.

O homem percebe que encontrou sua vocação quando pára de pensar a respeito de como viver e passa a viver.
Thomas Merton

"Rompemos depois de vinte anos", contou a Adele, "e fui para Key West numa longa missão para a Reserva da Marinha americana. Depois desse trabalho, minha vida verdadeiramente decolou". Jim revelou a Adele o modo pelo qual tinha passado a se dedicar à escrita e à poesia, respondendo, enfim, ao apelo da sua musa reprimida. Logo, conheceu uma alma igualmente boêmia, com quem se casou. Mas, à medida que o tempo passava, mergulhava num inferno mental pessoal. Buscou a ajuda de um terapeuta, que o advertiu: "Jim, depois de você deixar o lar, a família e tudo quanto lhe era familiar, seu nível de stress ultrapassou os limites".

O terapeuta estava certo. Logo depois, Jim teve uma grave crise mental e emocional que o levou a matar a nova esposa. Foi julgado por três psiquiatras forenses e considerado louco à época do crime, recebendo por isso uma pena por assassinato em segundo grau. Depois de sete anos em prisões da Flórida, foi posto em liberdade condicional. Quando Lynn o apresentou a Adele, Jim estava vivendo nas ruas e gozando sua nova liberdade.

Adele ficou atônita ao ouvir a história de Jim. Embora a achasse extremamente perturbadora, sentiu uma calma descer sobre ela que só podia explicar como uma graça vinda do alto. Agora conhecia o passado traumático de Jim – todo ele. Logo concluiu que precisaria decidir rapidamente se queria ou não continuar este relacionamento. Ela sofria com a atração inegável que sentia por ele, mas por fim decidiu que talvez não houvesse futuro para ela ao lado de um homem sem lar e com um passado tão conturbado.

O poder do amor verdadeiro é tão grande e tão forte que não pode ser desviado de seu verdadeiro objetivo nem mesmo pelo mais tolo dos preconceitos. Quando o amor está vivo e maduro numa pessoa, não importa que ela faça uma idéia falsa de si mesma e da vida: o amor a guiará segundo sua própria verdade íntima e, a despeito dela, corrigirá suas idéias.
Thomas Merton

Quando Jim lhe pediu para marcar outro encontro, Adele respondeu: "Não vou me encontrar com você de novo", percebendo imediatamente sua mágoa no silêncio e em seu suspiro profundo. Em seguida, ele respondeu: "Está bem, se é isso o que você quer".

Nas semanas seguintes, Adele ficou perturbada com pensamentos a respeito de Jim e com uma série de sincronicidades que a fizeram ter dele uma percepção mais profunda. Ela concluiu que era injusto julgá-lo apenas com base em seus infortúnios e experiências trágicas ou por sua decisão de renunciar a todos os bens materiais. Adele começava a compreender que as circunstâncias de Jim eram uma transição espiritual graças à qual ele conseguira preservar sua profunda dignidade interior, que existia independentemente de condições exteriores. Escreveu-lhe um bilhete e mandou-o para a caixa postal que ele lhe dera.

Quando Jim lhe telefonou em resposta, contou-lhe entusiasmado que agora estava morando com uma família católica, freqüentadora da mesma igreja que ele – haviam-no convidado a ficar em sua casa num quarto de hóspedes. A confiança daquela família em Jim selou o próprio destino de Adele.

"Adele, venha conosco à missa de domingo à noite", convidou Jim alegremente.

Seguiu-se um namoro tranqüilo e, em duas semanas, Adele percebeu estar mais próxima de Jim do que estivera de qualquer outra pessoa na vida. Casaram-se no dia 10 de dezembro de 1993, aniversário da entrada de Merton para o mosteiro de Getsêmani e de sua morte em Bangcoc, 25 anos depois.

Quando agimos corajosamente, atraímos acontecimentos miraculosos e impressionantes sincronicidades a entrar em nossa vida. Obedecendo à coragem interior e seguindo o impulso do coração ao se casar com Jim, Adele montou o palco para um desses milagres: depois de quatro anos, ele descobriu que acumulara uma boa poupança com seu trabalho de professor – ganha, mas esquecida. Isso, e sua arte, permitiu-lhe contribuir significativamente para as finanças do casal.

As lições importantes acerca da coragem – entre elas, a ousadia suficiente para levar em conta opções contrárias aos próprios preconceitos – que Adele Azar-Rucquoi aprendeu de seu encontro com Jim e, por fim, de seu casamento com ele a inspiraram a escrever *Money As Sacrament: Finding the Sacred in Money* (O Dinheiro como Sacramento: Descobrindo o Sagrado no Dinheiro – Celestial Arts, 2002), um livro para mulheres que buscam dar fim aos problemas econômicos e estabelecer um relacionamento pacífico com o dinheiro.

Depois de todos estes anos, o casamento deles continua florescendo e seu compromisso mútuo permanece intacto. Jim está de novo plenamente integrado à vida. Sua auto-estima foi também alimentada por exposições bem-sucedidas de sua arte, que mereceram elogios dos críticos e remuneração dos patrocinadores.

"Envelhecer com Jim é pura alegria", reconhece Adele. "Fiz a escolha certa ao me casar com ele."

Convidei Jim para escrever um poema para este livro e ele me enviou o seguinte:

A coragem de Adele levou-a a assumir-me com todos os meus problemas.
Pergunto-me: que papel desempenhei nesse milagre?
Onde está o Jim outrora visitado pela musa e depois abandonado,
Gasto e imprestável?
Que escapei de pagar com a vida pelo rumo que tomei,
Que Deus, o Estado e depois Adele conspiraram para me fazer renascer,
Isso não se pode ignorar.
Mas é preciso algo mais! O amor ainda não encerrou sua missão comigo.
Mais que nunca – preciso criar!

A coragem e o amor profundo de Adele por Jim permitiram-lhe olhar além da fachada das posses materiais e ignorar referências sociais para captar a autenticidade daquela pessoa. Viu atendidas suas preces por um companheiro para toda a vida, mas esse prêmio só poderia ter sido ganho com coragem – a coragem para reconhecer e aceitar a bênção que, se forem levadas em conta as primeiras impressões, parecia muito diferente daquilo que ela esperava.

Igualmente notáveis são a coragem que tanto Adele quanto Jim demonstraram e a força dos laços graças aos quais puderam contar francamente sua história pela primeira vez, permitindo que eu a relatasse neste livro. Fizeram-no cientes de que em toda jornada pessoal trágica há lições para aprender e passar adiante – no seu caso, lições de como ter coragem, perdoar e amar. A coragem deles é um exemplo para todos nós e partilhá-la com tamanha franqueza inspirou transformações positivas em suas próprias vidas, tanto quanto nas de outros.

A coragem tem suas recompensas

A coragem tem suas próprias recompensas e, com muita freqüência, elas são generosas. De fato, deve haver aqui uma lei universal em ação: "A quantidade de inspiração e maestria alcançada é diretamente proporcional à quantidade de coragem investida".

Sou um esquiador fanático. Esquio em companhia de bons esquiadores porque eles me estimulam – e às vezes me assustam. Mas, como gostam de mim, eu confio neles. Tenho de apelar para toda a minha coragem quando me conclamam a deslizar por um precipício de 60° de inclinação; mas, se consigo realizar a proeza sem sucumbir e repeti-la já sem medo, sinto uma das maiores alegrias da minha vida. Professores, treinadores e líderes que mostram afeto e empatia induzem-nos a expandir nossa coragem. Quando fazemos isso, crescemos, ficamos inspirados e conseqüentemente inspiramos outros.

> O ato mais corajoso que alguém pode realizar quando não é corajoso é fingir que tem coragem e seguir em frente.
> *Corra Harris*

A coragem, pois, é o ponto a partir do qual toda mudança começa. Conforme escreveu Katharine Butler Hathaway: "Se você permitir que o medo das conseqüências o impeça de seguir seu instinto mais profundo, então terá uma vida segura, útil e pobre". A coragem é o primeiro requisito para se iniciar uma vida nova, para começar um novo relacionamento, estimular um funcionário em vez de despedi-lo, perder peso, eliminar um hábito, dizer a verdade ou ser autêntico – o próximo princípio CASTLE.

Praticando a unidade recuperando a nossa coragem

É tão fácil dizer que deveríamos ser mais corajosos! Mas é bem menos fácil *ser* mais corajoso. Se as coisas fossem diferentes, então a vida seria bem mais simples. Portanto, como desenvolver nossos músculos da coragem?

- Aceitando a responsabilidade por nossos atos, sabendo que ela cabe a nós e não a "outros" misteriosos e vagos. Você aceita a responsabilidade por ser corajoso? Você considera os outros responsáveis por ter coragem?
- Tendo por referencial nossa consciência, usando-a como um teste para saber o que é certo. Não aquilo que nos causará menos problemas ou agredirá menos nosso ego, mas aquilo que é verdadeiro para nós neste momento. Segundo uma pesquisa *Fast Company* com leitores, divulgada na Internet, 73% disseram que responsabilidade e consciência são os pré-requisitos mais importantes da coragem em ação; seguiram-se o amor (11%), o sacrifício (7%) e o medo (7%). O que é certo para você agora?
- Falando menos sobre coragem e agindo mais corajosamente, primeiro em relação a nós mesmos, depois em relação aos outros. Isso trará à tona um crescente conforto com a noção de ser corajoso. Você exige de si mesmo a prática do mesmo grau de coragem que espera dos demais?
- Lembrando que a coragem nasce da paixão. Se nos distanciarmos da vida, não sentiremos paixão por ela e, conseqüentemente, não conseguiremos resgatar e utilizar nossas reservas de coragem. Conhecer pessoas e causas que despertem nossa paixão incentivará a coragem em nós. Quando nos sentimos profundamente apaixonados pelas pessoas, pelo trabalho, pela natureza, por idéias ou causas, mal percebemos a necessidade de ser corajosos. De fato,

simplesmente não há nada a discutir a respeito: nós *seremos* corajosos. Você alimenta as chamas da sua paixão pela vida?

- Criando para nós mesmos um ambiente que seja mais seguro e que, portanto, requeira um investimento menor de energia na coragem. Algumas vezes, precisamos de coragem apenas porque estamos com medo. Se prezarmos a coragem (tanto em nós quanto nos outros), promoveremos o ambiente no qual as pessoas serão estimuladas e encorajadas a ser honestas e autênticas. Você se convida, e aos demais, a criar ambientes mais seguros, não sendo intimidador, colérico, ameaçador, hostil, agressivo, egoísta, perigoso ou hipócrita e falso, de modo a haver menos necessidade de usar a coragem para as trivialidades, reservando-a para objetivos mais nobres?
- Nós conseguimos o que esperamos conseguir, por isso obtivemos uma grande dose de covardia, especialmente dentro de organizações. Você está recompensando atos de coragem e, assim, incentivando-os? Seus códigos familiares e empresariais premiam a coragem, inspirando bravura em você mesmo e nos demais?

Conclusão

Por que precisamos de Coragem?
Porque toda transformação importante começa com a Coragem;
por isso, ela é o primeiro passo rumo à unidade.

REFLEXÕES PARA ESTIMULAR A CORAGEM

Descreva um dos momentos de maior Coragem em sua vida – um momento em que você esteve no ponto mais alto de sua Bravura pessoal:

____

____

____

____

____

____

Descreva uma situação atual em sua vida que você sabe, em seu coração, que poderia ser melhorada pela prática de uma Coragem maior. Ela já está dentro de você; portanto, de que modo você aplicaria o mesmo nível de Coragem, descrito no exemplo acima, a esta situação atual?

____

____

____

____

____

____

Faça o que tem medo de fazer
e a morte do medo é certa.

Ralph Waldo Emerson

6

CASTLE

AUTENTICIDADE

Os quatro pilares institucionais da nossa sociedade – religião, educação, política e negócios – experimentaram recentemente uma onda de problemas relacionados à integridade, à moralidade e à hipocrisia. Antes, o mundo dos negócios estava praticamente livre de semelhantes considerações. Poucos suspeitavam que as empresas adotariam a ilusão da separatividade a ponto de mentirem em seus balanços anuais ou de roubarem dinheiro. Ou que os líderes empresariais enganariam acionistas levando-os a comprarem suas coleções de arte ou que seriam presos por fraude.

> O primeiro passo consiste em penetrar as brumas do engano e da distorção e aprender a verdade sobre o mundo, depois organizar-se e agir para mudá-lo. Isso nunca foi impossível, nem fácil.
>
> *Noam Chomsky*

A perda da unidade é a perda da autenticidade

O ponto alto do modo de pensar da separatividade nas empresas foi atingido com Arthur Andersen, Enron, Adelphia, WorldCom e outras que se seguiram. Até as empresas mais conceituadas foram submetidas a severo escrutínio por suas práticas empresariais. As pessoas queriam saber se elas atingiam seus números de forma legítima ou se o faziam pela recompra de ações, sacando sobre os fundos de pensão dos empregados, capitalizando despesas ou simulando falência para não saldar obrigações.

Há sérias preocupações quanto à viabilidade daquilo que outrora pensávamos ser os sustentáculos dos negócios e da sociedade – o tipo de empresas cujas ações recomendaríamos à nossa mãe.

Pensem na General Motors e nos desafios que ela enfrenta. Apenas 160 mil empregados ainda trabalham na GM dos Estados Unidos, embora haja mais de um milhão de aposentados e suas famílias que dependem da empresa para ter uma cobertura de segurança por meio do pagamento de pensão. Só o custo anual relativo à assistência médica chega a seis bilhões de dólares, muito mais do que a GM gasta com a compra de aço todos os anos. As despesas médicas com mais de um milhão de empregados, aposentados e dependentes da GM representam hoje cerca de 1.500 dólares do preço de cada carro e caminhão que ela vende, e esse valor aumenta no mínimo cerca de 10% ao ano. Está claro que isso não pode se sustentar – a GM está suportando dispensas temporárias conturbadas e concessões sindicais a fim de regularizar seu negócio, que está perdendo dinheiro.

A GM provavelmente não está menos segura do que muitas outras organizações, mas isso é um falso elogio e minimiza a ampla natureza dos riscos e a necessidade crescente de transparência e autenticidade no mundo do trabalho. O futuro das pessoas depende disso. Será preciso muita coragem da GM para desenvolver o relacionamento autêntico necessário para descobrir soluções que atendam aos interesses de todas as partes. A verdadeira autenticidade talvez ajude a evitar a maior falência de uma companhia industrial na história.

Como chegamos a esse ponto crítico? Evidentemente, as pressões por melhor desempenho levaram as empresas a assumir riscos em termos de integridade e prudência que comprometeram sua autenticidade e princípios e, por conseguinte, seu futuro.

A Arthur Andersen era o escritório de contabilidade da empresa pública que eu dirigia. Quando me pediram para, pessoalmente, negociar um pagamento muito delicado e substancial a governos do Meio-Oeste – porque é dessa maneira que se fazem negócios ali – a Arthur Andersen aconselhou-me a não fazê-lo.

“Isso é contra a lei”, explicaram. “Estão lhe pedindo para fazer uma transação ilegal. Agir assim contraria as provisões do Foreign Corrupt Practices Act nos Estados Unidos.”

A empresa ofereceu uma segunda opinião efetiva para nossa própria consciência.

Mas a Arthur Andersen, em sua forma original, já não existe mais. Fracassou porque se afastou de seus próprios padrões. Em outubro de 2001 a Enron, baseada no Texas, que era o maior cliente da Andersen, teve de submeter-se a uma investigação federal depois de admitir uma fraude gigantesca em seus livros contábeis. Os advogados da Andersen, de modo imediato e enérgico, começaram a recomendar aos funcionários da empresa que rasgassem papéis seguindo a nova política da companhia. Durante as quatro semanas seguintes, a companhia empenhou-se numa ação que o governo chamou de uma "campanha sem precedentes de destruição de documentos", lançando ao lixo duas toneladas de tiras de papel. Eles só pararam quando ameaçados por uma intimação judicial[8].

O Departamento de Justiça acusou a Andersen de tentar disfarçar o envolvimento da firma na ocultação da fraude da Enron. A Andersen respondeu que apenas seguia uma política consagrada de destruir anotações e rascunhos de documentos. Um júri de Houston discordou e condenou a Andersen por obstrução de justiça, condenação pela qual receberam a pena máxima de 500 mil dólares de multa e cinco anos de suspensão condicional de pena.

Sob o peso dessa acusação e condenação, a Andersen entrou em colapso, reduzindo sua força de trabalho nos Estados Unidos de 28 mil para 200 funcionários, muitos dos quais estavam lá justamente para tratar de casos relacionados ao litígio com os acionistas. Embora a decisão fosse anulada mais tarde pela Suprema Corte americana, o dano já estava feito.

A Andersen aconselhara seus clientes de maneira inadequada, até o ponto em que a confiança na firma se evaporou. Ela dizia uma coisa e fazia outra. Se um escritório de contabilidade – ou qualquer empresa para este assunto – não tem a confiança de seus clientes, não consegue subsistir. E foi o que aconteceu. Da mesma forma que a desconfiança provoca uma corrida aos bancos, os clientes da Andersen, duvidando da integridade da firma, começaram a debandar. A perda de negócios foi tão drástica que ela implodiu.

A Arthur Andersen foi atacada e, por fim, destruída porque seus sócios se tornaram gananciosos e inautênticos. Eles ficaram assim porque se viam como elementos separados de seus clientes e da comunidade, em vez de perceberem que todos eram um.

---

8. Jan Crawford Greenburg, *Chicago Tribune*, 1º de junho de 2005.

> Eu descobri que a coisa mais cansativa na vida é não ser sincero.
> *Anne Morrow Lindbergh*

Numa conspiração de inautenticidade, a Andersen continuou o que sua cliente Enron queria fazer – o contrário do que teria sido sua resposta alguns anos antes. É fácil perceber como as coisas podem dar errado. A Andersen sabia que, se se opusesse às ações da Enron, perderia a conta daquela megacorporação. Eles não poderiam se permitir perder a Enron e, assim, comprometeram seus princípios emitindo relatórios financeiros incorretos, deixando de informar a diretoria ou o Audit and Compliance Committee [Comitê de Auditoria e Normas] e destruindo provas incriminadoras.

O ex-presidente da Tyco International, Dennis Kozlowski, e seu ex-diretor financeiro, Mark Swartz, foram acusados de perdoar secretamente empréstimos concedidos a si mesmos, embolsar gratificações indevidas e promover vendas fraudulentas de ações para aumentar sua fortuna pessoal. A Tyco, proprietária da ADT, a maior companhia de seguros do mundo, é uma organização fundamentalmente sólida com produtos de alta qualidade, mas as ações daqueles homens a envolveram numa nuvem de ganância. Quando Ed Breen foi nomeado CEO para pôr ordem na casa após a espoliação de Kozlowski, seu compromisso com a autenticidade era absoluto. A chegada de um líder corajoso e honesto fez com que a organização recuperasse a vitalidade.

Essa experiência de liderança empresarial falha se reflete nas acusações que vimos serem lançadas contra membros do clero da Igreja Católica. Nós a vemos também no sistema educacional, tanto na América do Norte quanto em qualquer outro lugar no mundo.

Acontece que os curadores da mensagem, nos quais costumávamos confiar como guardiões da verdade, agem de forma diferente daquela que pregam – uma falta de autenticidade.

Por que precisamos de autenticidade

Conforme discutimos no capítulo anterior, o primeiro passo para nos tornarmos autênticos é sermos corajosos. A autenticidade não é possível sem a coragem, porque ser autêntico tem a ver com ser verdadeiro. Se não tivermos coragem, não poderemos ser verdadeiros. E só poderemos ser verdadeiros depois de recuperarmos a necessária coragem. E para sermos verdadeiros, por sua vez, é preciso que nos mostremos ousados o bastante para revelar, reconhecer e muitas vezes compartilhar nossa verdade, nossos medos, nossas emoções e nossas fraquezas. É deste modo que nos tornamos autênticos. Portanto, a autenticidade é o próximo passo em que precisamos focalizar a atenção em nossa busca para nos tornarmos um – a chave para a integração na vida.

> Não há nada mais aterrorizante que nos aceitarmos completamente.
> *Carl Jung*

Precisamos ser autênticos porque amamos a forma pela qual pessoas autênticas tocam nosso coração e nos inspiram.

Uma senhora idosa e seu netinho, cujo rosto era coberto de sardas, foram passar o dia no zoológico. Juntaram-se a uma fila de crianças que esperavam para ter as bochechas pintadas por um artista local, que as decorava com patas de tigre.

"Você tem tantas sardas que não sobra lugar para a tinta!", disse uma garotinha ao menino.

Ele baixou a cabeça. A avó se agachou ao seu lado.

"Gosto das suas sardas", disse ela, passando o dedo pelas bochechas do menino. "Quando eu era pequena, queria muito ter sardas. Sardas são bonitas."

O garoto ergueu os olhos. "É verdade?", perguntou.

"Claro!", confirmou a avó. "Diga se existe alguma coisa mais bonita que sardas."

O menino refletiu por um instante, tocou o rosto da avó e sussurrou: "Rugas".

Autenticidade: unidade de pensamento, palavra, sentimento e ação

Ver alguém demonstrando compaixão, amor e graça permite que nosso coração se abra e passamos a aceitar essa pessoa autêntica por sua coragem. Este é o exercício do líder consciente. A autenticidade, mais que qualquer outra coisa, gera amor no coração dos outros porque preenche uma necessidade humana profunda. Nossa alma clama por autenticidade. Com ela, podemos estabelecer relacionamentos e inspirar-nos uns aos outros, e nossas comunidades, famílias, amigos, clientes, colegas e fornecedores. As oportunidades de lucros crescentes são óbvias. Que dádiva – que "técnica" para alimentar a alma e, ao mesmo tempo, inspirar a personalidade!

O que é autenticidade?

Quando somos autênticos, nossa mente, boca, coração e pés são um. Pensamos, falamos, sentimos e andamos em completa harmonia. É assim que nos tornamos verdadeiros: assegurando-nos de que aquilo que nossa mente pensa, aquilo que nosso coração sente, aquilo que nossa boca fala e onde andam nossos pés sejam uma mesma e única coisa. Como aprendemos de Maquiavel, vamos continuar inautênticos enquanto praticarmos a separatividade entre o que pensamos, dizemos, sentimos e fazemos.

Ser autêntico às vezes exige que sejamos humildes, prontos para reconhecer nossos pontos fracos e imperfeições.

Uma mulher levou o filho à presença de Gandhi explicando-lhe que ele comia muito açúcar e pediu a Gandhi que o convencesse a parar. Ela mesma tentara, mas achava que a mensagem seria recebida de modo mais efetivo se viesse de Gandhi. Gandhi, conhecido como o Mahatma (Grande Alma), pediu à mãe que voltasse com o filho na semana seguinte.

Quando mãe e filho voltaram, Gandhi pediu ao menino que parasse de comer açúcar e ele concordou. Vendo isso, a mãe disse a Gandhi: "Meu filho aceitou o seu conselho. Por que não o deu na primeira vez que vim?"

"Senhora", disse Gandhi, "há uma semana eu ainda comia açúcar".

A autenticidade, assim, é a unidade completa entre nosso pensar, falar, sentir e fazer. É cabeça, boca, coração e pés se comunicando e vivendo todos a mesma mensagem. Isso significa dizer que, conscientemente, pensamos, falamos, sentimos e fazemos a mesma coisa em todos os aspectos da vida – como líderes, é claro, mas também como pais, filhos, amigos e cônjuges. *Todo* relacionamento se aperfeiçoa e, muitas vezes, se totaliza a partir da autenticidade. Com efeito, é a conjunção de todos estes aspectos que nos permite experimentar esta almejada sensação de unidade.

Felicidade é quando o que se pensa, o que se diz e o que se faz estão em harmonia.
Mohandas Gandhi

A regra das corredeiras

Uma de minhas paixões são os esportes aquáticos em corredeiras – canoagem, caiaque, rafting; poucas coisas são mais divertidas do que ser um com a energia da natureza em um rio, movendo-me ao longo das corredeiras. Mesmo a tranqüilidade de um rio calmo ou de um lago sereno são profundamente estimulantes para minha alma – uma meditação e uma ligação com a essência da Terra.

Se você conhecer bem os entusiastas destes esportes, especialmente aqueles que têm muita habilidade, vai observar que eles nunca discutem com a água. Uma das primeiras lições que os iniciantes aprendem é que não se ganha nada contrariando as forças naturais da água – as corredeiras têm muito mais poder do que a maioria dos homens consegue reunir. Dominar as habilidades dos esportes aquáticos não significa "vencer" as corredeiras – elas não podem ser subjugadas ou controladas pela força. Em vez disso, os especialistas em esportes aquáticos aprendem a *ler* a autenticidade da água – a interpretar a energia natural das correntezas – e depois aprendem como utilizar o poder da água, usando os músculos das corredeiras para serem levados para a frente com segurança. A isso eu chamo a *Regra das Corredeiras*. Muitas vezes remei até um redemoinho correnteza abaixo, saindo de uma grande rocha, e posicionei a embarcação na corrente com precisão. Isso é conhecido como "surfar" – a água é calma somente naquele ponto particular e flui suavemente na direção oposta à do resto do rio. Ali se pode relaxar indefinidamente com a proa voltada para a cabeceira do rio, enquanto a correnteza ruge de ambos os lados. Esta é uma metáfora da vida. As corredeiras são uma condição permanente para a maioria de nós. Podemos fazer tentativas inúteis: tentar subjugar sua energia; ou pôr-lhes arreios e cavalgá-las, fluindo com a energia – a *Regra das Corredeiras*. Acompanhar o fluxo de energia cansa menos e atrai as forças poderosas que se movem na exata direção que queremos seguir.

Nada no mundo
é mais macio
e suave do que
a água;

Mas, para atacar
o duro e o forte,
não há nada
igual a ela!

Porque nada
pode tomar
seu lugar.

Que o fraco é
capaz de sobrepujar
o forte, e que
o suave é capaz
de vencer o duro,

Isso é algo que
todos sabem,
mas ninguém
pratica.
Lao Tsé

Um de meus locais favoritos para praticar canoagem é o Parque Algonquin, com quase 8.000 quilômetros quadrados de cenário selvagem e primitivo em

Ontário, no Canadá. Ali, durante um verão, refleti sobre minha experiência nas corredeiras:

Rio Zen

Vão, meus filhos e filhas,
Para as correntes e os lagos da montanha,
Para a terra das águas velozes
Onde aprendi com meus erros.

Partindo mansamente, apontem sua jangada,
Remando com força para se afastar da margem.
Experimentem a sensação da dúvida crescente
Enfraquecer a fé que tinham antes.

Águas turbulentas zombam e apertam vocês,
Roubando-lhes a coragem com uma chacota
Esticam e tensionam todos os nervos
Opondo o poder ao medo.

Lutarão em vão contra estas correntes:
Elas resistirão e lhes custarão caro,
Enquanto oferecem seu segredo a seus ouvidos
Se forem sábios o bastante para ouvir.

O Rio poderoso conhece o caminho sábio:
Rendam-se tão somente ao fluxo
Enquanto ele lhes murmura brandamente:
"Sou seu amigo e não seu adversário".

A vida é um rio, suave e duro,
Pleno de poder para partilhar.
Ela lhes dá uma escolha: joguem duro com ela
Ou aproveitem sua oferta para compartir.

A autenticidade é como a correnteza: estudem a fonte de poder original, autêntica, reconheçam-na e cavalguem nela. Quando tentamos lutar contra ela – como na vida, quando procuramos lutar contra nossas verdades interiores, contra nossa autenticidade –, ela apenas se transforma num caminho cheio de obstáculos que, por fim, nos aniquilará e nos atirará no meio da turbulência.

A regra da vida é seguir a energia – isso nos capacita a nos tornarmos autênticos.

Todos nós ansiamos por líderes autênticos, em quem possamos confiar que façam o que prometem, que acompanhem o fluxo da energia natural de suas próprias verdades interiores. Os líderes autênticos trazem uma atmosfera de transparência à volta de si. E os seguidores querem líderes conscientes, que deixem claro suas posições e os valores que defendem, e que vivam tais valores de forma consistente.

A autenticidade brota de um coração amoroso

Um amigo meu, íntimo de Madre Teresa, disse-me que ninguém à volta dela tinha dúvida acerca de suas posições. Ela realmente era o que aparentava ser – no modo como vivia sua vida, partilhava seus dons e contribuía com sua energia para este mundo. Todas as suas ações e palavras brotavam diretamente de sua autenticidade.

Madre Teresa visitou certa vez um velho aborígine que morava numa reserva australiana na mais extrema pobreza e abandono – uma das situações mais difíceis que ela jamais presenciou. Ele não tinha nenhum amigo, ninguém o visitava e sua casa era um lugar sujo e desleixado.

"Por favor, deixe-me arrumar sua casa, lavar suas roupas e fazer sua cama", disse Madre Teresa, ao que o velho respondeu: "Estou bem assim. Não se preocupe".

"Ficará melhor ainda se me deixar fazer o que estou pedindo", disse ela.

Por fim ele concordou. Enquanto ela limpava sua casa e lavava as roupas, ela descobriu uma bonita lamparina coberta de poeira. Não era acesa há muitos anos.

"Você não acende sua lamparina?", perguntou. "Nunca a usa?"

"Não. Ninguém vem aqui me ver. Não preciso acendê-la. Para quem eu a acenderia?"

Madre Teresa perguntou-lhe se acenderia a lamparina diariamente para as Irmãs, se elas fossem visitá-lo todas as noites.

"Ah, sim", garantiu ele.

As Irmãs começaram a visitá-lo todas as noites e a cada dia limpavam e acendiam a lamparina.

Dois anos depois, já esquecida deste incidente, Madre Teresa recebeu uma carta do ancião. "Diga à minha amiga que a luz que ela acendeu em minha vida ainda continua a brilhar", dizia a mensagem.

O coração amoroso é a fonte da inspiração. A autenticidade de madre Teresa brotou do claro sentimento do objetivo que ela tinha para sua vida.[9] Ela sabia por que estava na Terra, para que servia e o que desejava realizar – cumprir seu destino, defender sua causa e obedecer à sua vocação. Isso fez dela uma líder autêntica: alguém inspirado que consegue inspirar os outros. Foi sua autenticidade que fez com que tantos a amassem.

Todos esperam que o que vêem seja aquilo que vão conseguir dos outros. Sempre esperamos que ninguém jogue sujo conosco e que não digam uma coisa quando, de fato, estão pensando em outra. Podemos aceitar com facilidade que os outros estejam em conflito, que estejam confusos, ou que talvez ainda não estejam prontos para tomar uma decisão, mas todos nós esperamos que sejam autênticos a respeito de sua posição, mesmo quando ela ainda não é clara.

Nunca diga "olá"
quando na
verdade quer
dizer "adeus".

Nunca diga que
quer uma coisa se
nunca estiver
disposto a tentar.

Nunca diga que vai
fazer se nunca
planeja dar o
primeiro passo.

Nunca aperte
minha mão se sabe
que vai partir
meu coração.

Anônimo

Ser autêntico não significa que não haverá situações nas quais nosso coração e nossa mente não estejam de acordo. Posso continuar autêntico sendo muito claro e honesto quanto ao modo como me sinto agora, mesmo que eu esteja me sentindo ambivalente. Posso lhe dizer: "Ainda não sei qual é minha posição nesse caso, pois o que sinto e *penso* a respeito não é a mesma coisa. Mas pode ficar certo de que, quando eu estiver pronto, o que eu *disser* que vou fazer será exatamente o que *farei* verdadeiramente". Essa é a postura de uma pessoa autêntica, que optou por seguir os princípios da unidade.

Ser autêntico tampouco nos impede de mudar de idéia. Esta é uma prerrogativa de todos. Todos nós escutamos, aprendemos, crescemos e evoluímos, e a

9. Para mais informações sobre o conceito de "Destino, Causa e Vocação", ver meu livro *Inspire! What Great Leaders Do* (John Wiley & Sons, 2004) e www.secretan.com/inspire.

conseqüência disto pode ser a de que, com o tempo, passemos a ver as coisas de maneira diferente. Mas ainda podemos preservar nossa autenticidade ao longo deste processo, explicando aos outros que nosso aprendizado nos levou a mudar de opinião.

A autenticidade é a raiz da verdade

Por outro lado, a falta deliberada de autenticidade num líder é o de que mais se ressentem seus seguidores. Se eu disser a você: "Vou apoiar essa proposta na próxima reunião de diretoria" e votar contra quando chegar a hora, estarei sendo falso. Minhas palavras e minhas ações não são uma só. No entanto, é esse o comportamento que com bastante freqüência caracteriza as modernas organizações em diversos níveis. Quando os pensamentos, palavras, sentimentos e atos daqueles em quem confiamos ficam separados, perdemos a fé e perguntamos: "Por que eu acreditaria em você ou lhe daria ouvidos se o que você diz e o que faz são coisas diferentes?" A perda que sentimos é a perda da autenticidade, que leva à perda da confiança.

Ansiamos por confiar nas pessoas. Amizades, casamentos, relacionamentos familiares, equipes, relações entre clientes e vendedores e relações internacionais, todas dependem da confiança. E a confiança é o resultado da consistência. Confiamos naqueles que, ao longo do tempo, vimos ser consistentes com a unidade daquilo que pensam, dizem, sentem e fazem. É a consistência da autenticidade reiterada que forma a base do nosso relacionamento, que se funda na confiança.

Liderança autêntica versus conversa mole

As livrarias transbordam de livros sobre liderança escritos por líderes empresariais. Essas versões cuidadosamente reconstituídas, adornadas e envernizadas de suas realizações enfatizam o desempenho financeiro e o marketing. Seus autores contam muitas lorotas acerca de seu triunfo pessoal e de seu brilho. Mas os leitores muitas vezes sentem os sinais de falsidade. As histórias desses líderes são às vezes mais retocadas do que fotos de atores envelhecidos. Nelas não se admitem vulnerabilidades nem equívocos. Há raras menções acerca da rotina desses líderes de dispensar, ano após ano, 10% dos funcionários menos produtivos de cada de-

> Se ser egomaníaco significa acreditar no que faço e na minha arte ou na minha música, então, no que se refere a isso, podem me chamar assim. Eu acredito no que faço e no que digo.
> *John Lennon*

partamento. Nada se diz, tampouco, a respeito do esforço perverso de suas empresas para invadir e dominar mercados, ou a respeito do fechamento de setores ou divisões que não conseguem obter o primeiro ou o segundo lugar em suas categorias no mercado.

Muitas vezes, colhemos lições melhores ao observar a vida de pessoas que *vivem plenamente* sua autenticidade, com todos os defeitos. Bono, por exemplo, talvez o astro de rock mais conhecido do mundo, faz mais para combater a AIDS na África e cancelar a dívida do Terceiro Mundo do que qualquer outro ser humano no planeta. Mantém contatos com líderes mundiais e, com coragem e autenticidade, puxa as orelhas da consciência deles instando-os a se tornarem mais comprometidos e solidários com relação aos problemas dos países em desenvolvimento. A liderança autêntica está igualmente bem representada por Sting, outro ícone musical. Ele fez muito em favor dos povos indígenas da América do Sul e da Anistia Internacional. Estes são líderes inspiradores que vestem sua coragem e autenticidade abertamente, vivendo-as todos os dias para que todos vejam. Assim, eles são exemplos da realidade persistente da autenticidade. Gostaríamos de saber: Como isso funciona para eles? Por que eles o fazem? Na condição de líderes, o que há para aprendermos de suas vidas que possa ser útil para as nossas, acerca de genuinidade e autenticidade?

A coragem, conforme sugeri no capítulo anterior, não se trata de dizer a outra pessoa que seja corajosa, mas de nós mesmos nos tornarmos corajosos. Do mesmo modo, a autenticidade em um líder, como acontece em todos os Princípios CASTLE, não se trata de dizer a ninguém que seja autêntico – ela se refere a como cada um de nós se comporta e, portanto, serve de exemplo, sendo autênticos com nós mesmos. Temos um ditado em nossa empresa: "O que você ensina enquanto não fala?" O grande ensinamento, como a grande liderança, emana da autenticidade do mestre.

A prática da unidade para harmonizar nossos pensamentos, palavras, sentimentos e atos é um assunto muito pessoal. Tem mais a ver *comigo*, com minha maneira de viver e agir, do que com meu desejo de consertar os *outros*. Diz respeito ao modo como me apresento, não ao modo como *eles* deveriam se apresentar. Refere-se ao modo de contato que cada um procura estabelecer com seus valores íntimos a fim de vivenciá-los.

O comportamento não-autêntico pode manifestar-se de muitas maneiras diferentes e estranhas. Pensemos como, em maio de 2004, 38 mil cópias ilegais do filme *A Paixão de Cristo* foram baixadas da Internet. Os redatores da *Business Week* foram levados a observar: "É muito para o 'não roubarás'".[10]

Por isso, damos as costas aos exemplos superficiais e buscamos em lugares diferentes a fim de descobrir parceiros, amigos, clientes, funcionários, fornecedores, professores, treinadores e líderes confiáveis. Todos nós precisamos e ansiamos por outros que nos possam orientar, que possam ser a luz em nosso caminho e nos ajudar a recuperar a confiança que perdemos nas organizações, igrejas, famílias ou nações. Tais pessoas nos restituem o sentido pessoal de unidade com tudo isso, porque o que pensam, dizem, sentem e fazem são uma coisa só.

O poder da autenticidade para ganhar confiança

Inspirar pessoas neste novo e diferente meio empresarial e social depende de um nível novo de transparência e de autenticidade. É deste modo que os líderes conscientes estão conseguindo resgatar a confiança dos funcionários, dos acionistas e dos consumidores. Em alguns casos, isso pode levar muito tempo e exigir muito esforço.

Quando ocorreu o vazamento de petróleo da Exxon Valdez em 1989, muitas pessoas boicotaram os produtos da empresa e milhões continuam a fazê-lo, enfurecidas pelo fato de a companhia ter-se recusado a cumprir a determinação judicial de pagar 4,5 bilhões de dólares pelos danos causados a milhares de pescadores que faliram ou foram forçados a abandonar seu negócio. Para muitos, podem se passar 20 anos antes de perdoarem a Exxon. E é assim que os consumidores se comportam. Eles estão vinculados uns aos outros de várias maneiras – não há separação. Se não aprovam os padrões de uma empresa, sua ética ou sua posição, não lhe dão seu dinheiro. E, se outros dez milhões pensarem da mesma forma, aquela empresa pode enfrentar um desafio formidável.

10. *Business Week*, 28 de junho de 2004, p. 14.

O contrário também é verdadeiro. Muitas pessoas fazem um esforço consciente para adquirir produtos e serviços de empresas cujas políticas e ética sejam fortes e transparentes e que reflitam autenticidade. Elas saem de seu caminho para voar com a Southwest Airlines, digamos, porque sabem que ela é uma grande companhia. As pessoas podem não saber nada a respeito da tecnologia de seus aviões, de controle de tráfico ou manuseio de bagagens, mas sabem que ela emprega oitocentos casais, que ela coloca o interesse dos funcionários acima de *qualquer outra coisa*, inclusive o dos clientes e acionistas, e que seu bom trabalho de equipe leva a custos operacionais mais baixos do que os de muitas outras no segmento. Tudo isso diz muito aos clientes potenciais acerca da autenticidade de sua cultura empresarial, e os induz à escolha de apoiar a companhia e de lhe confiar seus negócios sempre que podem.

Isso se baseia muito menos na ciência que no mito, no mistério e na magia. É um exemplo de operação a partir da filosofia da unidade, em lugar da filosofia da separatividade. A Southwest sabe que tratar bem as pessoas cria na comunidade uma consciência que se traduz em custos mais baixos (metade da média no setor) e lucros crescentes (uma capitalização de mercado igual a três vezes a de todas as outras empresas do ramo juntas).

A cadeia de supermercados Wegmans, com sede em Rochester, Nova York, foi considerada pela revista *Fortune* a melhor companhia para se trabalhar nos Estados Unidos. Quando perguntaram ao seu presidente, Robert Wegman, por que dava tantos benefícios aos empregados, ele respondeu, com uma referência óbvia à unidade: "Eu não era diferente deles". Tal qual sucede à Southwest Airlines, Starbucks, FedEx, Pella, Medtronics, Alaska Wildland Adventures (ver capítulo 7) e Men's Wearhouse (ver capítulo 10), a Wegmans valoriza os funcionários tanto quanto os clientes – bem ao contrário do costumeiro mantra corporativo da separatividade, que coloca "os clientes em primeiro lugar". Isso não é apenas incomum: é mágico – e deve muito pouco à separatividade e tudo à unidade.

Trate as pessoas com profunda autenticidade, honrando seu espírito como a Wegmans faz, e você se tornará *a* cadeia de supermercados na qual trabalhar e onde comprar, com margens de lucro duas vezes maiores que a dos quatro maiores supermercados, com um montante de vendas por metro quadrado 50% maior do que a média do ramo, com uma rotatividade de pessoal de apenas 6% (contra 19% dos demais) e sete mil pessoas que lhe escrevem todos os anos pedindo-lhe para abrir uma loja em seu bairro.

Wegmans doou 54 milhões de dólares em bolsas de estudo a mais de 17.500 empregados de tempo integral ou parcial nos últimos vinte anos. Diz ele: "Nunca dei mais do que aquilo que recebi de volta".

Isso é compromisso autêntico e puro com os funcionários. Sara Goggins, universitária e caixa meio-período na rede, diz: "Adoro este lugar. Se o magistério não der certo, quero passar a trabalhar na Wegmans em tempo integral".

A autenticidade, do mesmo modo, atrai as pessoas para a Body Shop, onde compram óleo de banho ou um batom não apenas porque gostam do produto, mas também por saber que a empresa defende a honestidade, a justiça, o comércio lícito e o meio ambiente. Essa postura é evidenciada sobretudo por seu apoio à Anistia Internacional e aos povos indígenas da América do Sul. A Body Shop é absolutamente transparente acerca de seus valores. Ela advoga os direitos e as liberdades da mulher e a justiça social e patrocina campanhas contra a violência doméstica. É por isso que a empresa é mais famosa – sua autenticidade nua e crua, expressa em práticas tais como a compra de produtos diretamente de povos indígenas, sem intermediários e pelo pagamento justo por tudo quanto adquire deles. A Body Shop jamais gastou um centavo com propaganda, deixando que sua reputação de autenticidade promovesse a marca. Quando os clientes fazem suas compras lá, apoiam a autenticidade da Body Shop.

As pessoas não apenas gostam de comprar em empresas autênticas, elas também gostam de trabalhar para elas. A Southwest Airlines recebe mais de 150 mil propostas todos os anos para cerca de cinco mil ofertas de emprego.

As empresas que exercitam a autenticidade são muito populares em suas declarações, associando-se com o público de modo transparente e convidando-o a dar sugestões que reforcem sua autenticidade. A Starbucks segue seis "Princípios Orientadores" para avaliar a adequação de suas decisões – a autenticidade usada sem apologia para todos verem. São eles:

1. Criar um ótimo ambiente de trabalho e tratar a todos com dignidade e respeito.
2. Aceitar a diversidade como um componente essencial na maneira de fazer negócios.
3. Aplicar os mais elevados padrões de excelência na compra, torrefação e pronta entrega de nosso café.
4. Desenvolver consumidores inteiramente satisfeitos o tempo todo.
5. Contribuir positivamente para nossa comunidade e para o meio ambiente.
6. Reconhecer que a rentabilidade é essencial para nosso sucesso futuro.

A autenticidade – apresentada por intermédio de uma combinação de realidade persistente (compromisso com o lucro e a excelência) e unidade (compromisso com o respeito, a dignidade, a diversidade, o entusiasmo, a satisfação, a comunidade e o meio ambiente). Essa abertura e esse compromisso com o público e com o meio ambiente têm um jeito de conquistar pessoas – principalmente os consumidores – de maneira que os especialistas em mercado sempre interpretam mal. Estudos de caso a respeito da Starbucks são largamente ensinados, mas o "segredo" do sucesso da Starbucks normalmente é atribuído ao seu marketing inteligente e quase nunca ao seu autêntico empenho em manter um negócio que se liga à alma. Essa conclusão parecerá a muitos demasiado sentimentalóide – mas este é o tipo de autenticidade por que as pessoas anseiam e que estão dispostas a apoiar pagando um preço justo por produtos comprados numa empresa honesta. Como diz Colleen Barrett, presidente da Southwest: "Outros podem copiar nosso projeto empresarial, mas não podem copiar nossa Gente" (ela sempre pronuncia "gente" com "G" maiúsculo!).

Autenticidade na Wall Street

Em 2004, a Time Warner vendeu sua divisão de música, a Warner Music, a terceira maior empresa do ramo nos Estados Unidos, a Edgar Bronfman Jr. e um grupo de empresas de ações lideradas pela Thomas H. Lee Partners. No início de 2005, a Warner solicitou a várias firmas de grande porte da Wall Street que se organizassem para vender suas cotas num leilão público. A Warner Music selecionou dois bancos para conduzir o leilão, que, por sua vez, convidaram outros para apoiá-los. O Merrill Lynch, entre outros, se apressou a agarrar a oportunidade de participar numa transação tão lucrativa – afinal, cada agente subscritor participaria de um consórcio de 26,3 milhões de dólares. E era do maior interesse da Warner Music que o Merrill Lynch se envolvesse porque a analista-chefe de mídia do Merrill Lynch, Jessica Reif Cohen, era, segundo o *Hollywood Reporter*, uma das cem mulheres mais poderosas no ramo do *show business*. O endosso de Reif Cohen impressionaria bastante os investidores.

O Merrill Lynch comunicou à Warner Music que achava poder vender as cotas ao público por trinta dólares cada uma.

Dois anos antes, a Securities and Exchange Commission [Comissão da Bolsa de Valores] tinha aprovado uma moção civil contra dez das maiores empresas da Wall Street num acordo histórico de 1,4 bilhão de dólares que pôs fim a inúmeras investigações acerca de pretensos conflitos de interesse que atormentavam os investidores. Depois destes acordos, adotaram-se novos procedimentos para avaliar os leilões. Analistas de pesquisas eram agora chamados para fazer avaliações da situação dos negócios de um cliente, independentemente das opiniões dos subscritores.

A Warner Music convidou Jessica Reif Cohen e os analistas de todos os outros bancos subscritores para uma reunião em seu escritório central no Rockefeller Center. Feitas as apresentações em PowerPoint, as comparações com a EMI e outros gigantes da música e de uma análise do mercado de música digital em expansão, Reif Cohen passou duas semanas redigindo seu relatório. Seu veredicto foi o de que o preço inicial de 25 ou 30 dólares (sugerido pela Warner e pelos banqueiros) era irreal e que o preço de 17 dólares se aproximaria mais do valor real. Um banqueiro do Merrill Lynch descreveu o impacto dessa avaliação como um "pesadelo".

"O que deveríamos fazer?", desabafou ele. "Não poderíamos vender o lote aos investidores se Jessica estava dizendo a todo mundo que nosso cliente não valia nada."

Antes da avaliação da Wall Street dois anos antes, um movimento ousado contrário aos banqueiros de uma empresa de investimentos custaria o emprego a analistas como Jessica Reif Cohen, a menos que cedessem à pressão e retirassem sua opinião discordante. Mas o Merrill Lynch optou pelo caminho da autenticidade, decidindo abandonar a oferta, apesar do alto preço de perder um cliente de grande prestígio e vários milhões de dólares de comissão. Sua retirada sinalizou a Warner Music e todos os outros banqueiros, levando-os a reduzirem suas metas para captar dinheiro dos investidores. No fim, o preço real pelo qual as ações foram vendidas – 17 dólares, conforme Reif Cohen havia previsto – valorizou a Warner perto de um bilhão de dólares a menos do que ela esperava, mas poupou milhões para os investidores.

Com que banco você gostaria de fazer negócios? Com um que ignore as avaliações de seus próprios analistas porque elas podem custar milhões em comissões perdidas? Ou com um que honestamente tome outro rumo no melhor interesse de seus clientes, aumentando assim sua reputação de integridade? A autenticidade, em casos assim, talvez traga prejuízos a curto prazo, mas será altamente lucrativa a longo prazo.

Este desfecho pouco notado é um sinal encorajador de mudança positiva. A autenticidade, na Wall Street, tem sido mercadoria de suprimento limitado há anos e exemplos assim de comportamento autêntico vão servir para estimular a confiança dos investidores no futuro. Se a integridade se instalar de vez em Wall Street, será em razão dos atos de integridade e autenticidade corajosos e inspiradores praticados por pessoas e empresas como Reif Cohen e seu empregador, Merrill Lynch. Será porque as empresas compreendem que o emissor, o consumidor, o cliente, o banqueiro e o fiscal são todos um – um mercado único e interdependente onde a integridade e a autenticidade são a moeda real e mais valiosa.

Por que nos surpreendemos ao ver que a figueira dá figos?
Margaret Titzel

Praticando a unidade recuperando a nossa autenticidade

Há alguns passos simples para a recuperação da unidade por meio da volta à autenticidade.

- Pergunte a si mesmo: "Será verdade?" Numa pesquisa da Revista CFO com executivos-chefes de finanças, 24% disseram que não contribuir com dinheiro ao comitê de ação política de sua empresa pode ser prejudicial a seus empregos. Outros 16% não sabiam. É provável que haja tantas especulações quanto fatos nestes dados

– eles, com freqüência, não são verdadeiros porque algumas vezes, quando não somos autênticos, simplesmente inventamos coisas. Em seguida, com base nessa ficção, cedemos ao pensamento separativo, adotando políticas avessas aos nossos valores pessoais. Examine sua mente e seu coração: você projeta suas crenças em pessoas ou situações?

- Você ouve sua voz interior? A autenticidade significa escutar sua consciência e agir em conformidade com ela, mesmo quando muitas vozes ao seu redor lhe ofereçam orientações conflitantes. Tornar-se autêntico é outro passo rumo à eliminação da prática de trocar a integridade pela aprovação. É deste modo que nos tornamos íntegros novamente e um com nossos semelhantes.
- Você já removeu seus filtros e escudos pessoais a fim de ouvir de modo autêntico?
- Você examinou bem sua cabeça, sua boca, coração e pés, perguntando a si mesmo: "O que penso, digo, sinto e faço está em harmonia como uma coisa só?"
- Você exercita a coragem necessária para agir autenticamente na busca daquilo que é verdadeiro para você, de acordo com sua harmonia interior, de modo a poder tornar-se um?
- Você gosta de ser reconhecido pela sua autenticidade?

CONCLUSÃO

Por que precisamos de Autenticidade? Porque a harmonia interior – a unidade – promove a cura espiritual, emocional e física, estreita os relacionamentos e nos ajuda a nos tornarmos um, primeiro no interior de nós mesmos e depois com os outros.

REFLEXÕES PARA ESTIMULAR A AUTENTICIDADE

Descreva um dos momentos mais Autênticos em sua vida, em que você esteve no ponto mais elevado de sua Autenticidade:

____

____

____

____

____

____

Descreva uma situação atual em sua vida que poderia ser melhorada em seu coração pela prática de uma Autenticidade maior. Ela já está dentro de você; assim, de que modo aplicaria o mesmo nível de Autenticidade, descrito no exemplo acima, a esta situação?

____

____

____

____

____

____

Se temos de ser melhores de alguma forma,
o momento de começar é agora.

Alfred Tennyson

7

SERVIÇO

O serviço é o objetivo da vida. Existimos, no mínimo, para tornar o mundo um pouco melhor do que o encontramos. Nossa vida se relaciona ao mundo em termos de quão bem servimos, e a herança de cada um de nós será medida de acordo com esse padrão. Quando servimos aos outros, tornamo-nos um com eles.

A liderança em organizações – famílias ou igrejas ou governos – não se refere apenas àqueles que estão no topo. Em vez disso, ela é a delicada interação da dinâmica entre o líder e os seguidores e, sobretudo, a qualidade dessa dinâmica, que determina o sucesso empresarial. Freqüentemente, a qualidade da dinâmica entre líderes e seguidores, pais e filhos, párocos e paroquianos ou políticos e cidadãos é determinada pelo modo como uns servem bem aos outros e quão bem, em conjunto, eles servem à comunidade mais ampla – pelo grau de respeito à unidade do todo.

> O sucesso nada tem a ver com o que você ganha na vida ou com o que realiza para si mesmo. Tem a ver com o que faz pelos outros.
> *Danny Thomas*

A liderança servidora não é competitiva

A competição é o contrário do serviço.

Como todos os Princípios CASTLE, o serviço é um conceito muito fácil de entender, ainda que seja difícil de praticar. O serviço tem a ver com escutar os outros e atender a suas necessidades com um coração amoroso. Os líderes conscientes sabem que o objetivo principal da liderança é servir às necessidades dos seguidores. Se não fosse assim, para que precisaríamos de um líder? Os seguidores são os clientes do líder. Mas este é um conceito muito difícil para muitos líderes colocarem em prática porque muitas vezes eles estão presos a um paradigma superado, que dá a entender que o principal objetivo dos seguidores (funcionários) é servir ao "chefe".

Líderes conscientes são líderes servidores que prestam serviço a seus seguidores pedindo-lhes sugestões e conselhos acerca da melhor maneira pela qual gostariam de ser servidos. Isso não difere em nada do modo como tratamos os consumidores em nossos mercados, exceto pelo fato de ser um mercado interno em lugar de um externo. Seja pela atenção, compaixão, zelo, instrução, intuição ou visão, o líder consciente dá apoio aos seguidores a fim de capacitá-los a alcançarem o pleno potencial *deles*.

> O serviço é o aluguel que pagamos por estar vivos. É o verdadeiro propósito da existência e não apenas alguma coisa que fazemos no tempo que nos sobra.
> *Marian Wright Edelman*

A natureza egoísta dos líderes não-conscientes [da unidade] – seu compromisso com o ego e com as ambições pessoais – é aquilo de que mais se ressentem os seguidores, pois reflete a busca impiedosa da competitividade e da agressão.

A competição impulsiona muitos setores de nossa sociedade, inclusive seus membros mais jovens. Há centenas de livros sobre como tornar seu bebê mais esperto e mais inteligente que o da vizinha, mesmo antes do nascimento. A competitividade é insuflada em nossas crianças no cuidado diário no lar, no jardim da infância e na escola fundamental.

A competição se expressa em sua forma mais repelente quando é implacável e antagônica, um estilo do qual nossa cultura já se saturou profundamente e ao qual estamos perigosamente viciados. Esportes desumanos, hostis, são aqueles nos quais o objetivo da disputa é subjugar ou inferiorizar um oponente, muitas vezes descrito como um "inimigo" a ser esmagado e, com freqüência, envolvendo violência física.

Apresentamos nossos filhos aos esportes desumanos e violentos numa idade muito tenra e vulnerável, sublinhando para eles a importância de vencer. Há pais que até mesmo brigam uns com os outros ou com o treinador para garantir a seus filhos o status de vitorioso. A Liga Nacional de Hóquei, sempre entretida com as disputas agressivas entre a NHL Player's Association [Liga dos Jogadores da NHL)] e os proprietários da NHL, luta de forma rotineira para conter a constante e crescente violência dos pais. As crianças aprendem seus comportamentos diretamente com os pais – para o melhor ou para o pior.

Por outro lado, quando um esporte é praticado com nobreza, elegância e graça, ele se harmoniza mais com os antigos ideais olímpicos de excelência e maestria pessoal. O objetivo do barão Pierre de Coubertin, quando fundou os modernos Jogos Olímpicos (eles são "jogos", não "competições"), era montar uma vitrine internacional para o espírito, mente e corpo de atletas empenhados em distinguir-se e em atingir padrões mais elevados que os existentes, dando assim sentido ao lema olímpico.

Esse lema surgiu por intermédio de um amigo do barão, o padre Henri Martin Didon, da ordem dos dominicanos, que era diretor do Colégio Arcueil, perto de Paris. Professor dinâmico, usava a disciplina do esporte como uma ferramenta poderosa para a educação e para a construção do caráter. Um dia, após um encontro interescolar de atletas, o padre Didon encerrou sua palestra com um brilhante rasgo oratório, citando três palavras: "*Citius, Altius, Fortius*" ("Mais rápido, mais alto, mais forte"). Impressionado pela forma sucinta desta frase, o barão Pierre de Coubertin a transformou no lema olímpico, assinalando que "os atletas precisam da *liberdade para exceder*. Por isso lhes damos esse lema... um lema para as pessoas que ousam tentar quebrar recordes".

O ideal dos esportes praticados nesse nível de nobreza, diferentemente das disputas violentas e hostis de hoje, reflete-se no Credo Olímpico, que Pierre de Coubertin se sentiu motivado a escrever depois de ouvir o discurso do bispo Ethelbert Talbot numa missa para os campeões olímpicos durante os Jogos Olímpicos de 1908. Em parte o Credo Olímpico diz:

> *O mais importante nos Jogos Olímpicos não é vencer, mas competir, assim como o mais importante na vida não é o triunfo, mas o empenho.*

Até mesmo a bandeira Olímpica defende os princípios da unidade. Criada por Pierre de Coubertin em 1914, ela mostra cinco anéis interligados sobre fundo branco. Os anéis representam os cinco grandes continentes e estão interligados para simbolizar a *amizade* (não a competitividade violenta, hostil) própria desses jogos internacionais. Os anéis, da esquerda para a direita, são azul, amarelo, preto, verde e vermelho. Estas cores foram escolhidas porque pelo menos uma delas aparece na bandeira de todos os países do mundo – um tributo visual à nossa unidade.

Quanto se afastaram desses ideais e esperanças quase todos os esportes desumanos e violentos de hoje! O líder não-consciente, que ainda olha para o mundo pelas lentes da separatividade, recorre às disputas acirradas do esporte como uma metáfora para a guerra, que é a expressão cabal da separatividade e a antítese da unidade.

No dia 7 de outubro de 2001, o domingo em que os Estados Unidos e a Grã-Bretanha começaram a bombardear o Afeganistão, imagens de vídeo do ataque cruzaram o painel do autódromo na Lowe's Motor Speedway, em Concord, na Carolina do Norte, enquanto os carros voavam pelo circuito lá embaixo. Como os antigos romanos aplaudindo seus gladiadores favoritos, a multidão explodiu num grito de aprovação. Ao mesmo tempo, no Atlanta's Georgia Dome, o locutor do estádio interrompeu o primeiro quarto do jogo entre Falcons e Bears para anunciar os ataques. Os fãs de futebol se levantaram, aplaudiram e berraram: "U-S-A! U-S-A!", tal qual o fariam por sua equipe. As fronteiras entre os esportes violentos e hostis e a guerra se fundiram – agora eles são intercambiáveis.

O presidente Eisenhower fez a famosa declaração de que "a verdadeira missão dos esportes americanos é preparar os jovens para a guerra". O colunista do *Boston Globe*, Jan Freeman, apoiou este ponto de vista mais abrangente escrevendo que os esportes "foram criados precisamente para servir como uma forma ritualizada de combate", tornando inevitável a linguagem do campo de batalha tanto quanto lhe dando considerável legitimidade. Os pesquisadores mostram que a competição torna as pessoas mais agressivas e que existe uma clara correlação entre culturas belicosas e aquelas que estimulam os esportes violentos e hostis. Nada disso é estimulante para as pessoas cujos principais interesses na vida estão fora dos estádios ou das zonas de guerra. Ansiamos por líderes inteligentes, brilhantes, mas não-agressivos, zelosos, líderes servidores – e atletas – do tipo que Woodrow Wilson tinha em mente ao dizer: "Vocês estão aqui para ensinar a humanidade a viver de maneira mais plena, com mais visão, com um espírito mais apurado de esperança e realização. Vocês estão aqui para enriquecer o mundo".

Falta a muitas pessoas uma identidade interna forte e, por isso, elas procuram, fora de si mesmas, uma identidade substituta. Dessa forma, sua identidade pessoal pode ficar muitas vezes tão envolvida com esportes violentos e hostis, e com a necessidade de ver "seu time" ganhar, que passam a viver suas vidas vicariamente – separadas de si mesmas – por meio do desempenho esmagador de sua equipe favorita. Com muita freqüência, em nossos retiros de liderança, os participantes nos pedem tempo (para empregar um termo dos esportes) para assistirem a um jogo qualquer. Algumas vezes, quando retornam na manhã seguinte, parecem aborrecidos e deprimidos e quando lhes perguntamos o porquê, eles respondem: "Meu time perdeu!" Para muitas pessoas, a derrota da equipe pode ser um choque tal para o ego que faz com que se tornem deprimidas e vejam o mundo e toda sua vida pelas lentes do desespero.

É como se estivéssemos reproduzindo os piores excessos do Império Romano, em que energias agressivas eram liberadas nas lutas desumanas dos gladiadores. Esta sede de sangue é alimentada de forma agressiva hoje nos esportes e na mídia. No hóquei, por exemplo, quanto mais violento for o jogo, melhor será considerado. E as crianças americanas, que assistem em média quatro horas de TV por dia, serão testemunhas de 12.000 assassinatos e mais de 150.000 outros atos de violência ao tempo em que concluírem a escola fundamental. O National Television Violence Study [Estudo Nacional da Violência na Televisão], de 1995, constatou que em 73% de todas as cenas violentas o agressor ficou impune. Nós incentivamos e desculpamos a violência e a separatividade. Não admira, pois, que este seja o estilo que aparece comumente na prática da liderança.

Todavia, não nascemos sedentos de sangue. Na verdade, nosso cérebro nem sequer está programado ao nascer para pensar em termos competitivos. Segundo Joseph Chilton Pearce, autor de *The Biology of Transcendence: A Blueprint of the Human Spirit* (A Biologia da Transcendência: Um Projeto do Espírito Humano – Park Street Press, 2004), o cérebro passa por uma importante explosão de desenvolvimento nos dias e semanas que se seguem ao nascimento, e este processo é influenciado pela condição emocional da mãe, tanto quanto pelos estímulos e interações propiciados por ela e pelas outras pessoas que prestam cuidados à criança. O modo como o cérebro é usado, com base naquilo que está sendo modelado, é o modo como ele se forma e se desenvolve e simplifica os impulsos oriundos dos sistemas sensorial e emocional. Quem cuida do recém-nascido tem, pois, a responsabilidade primordial de ajudar a moldar seu raciocínio e processos mentais durante este período crítico – que define se a criança vai adotar mais prontamente a separatividade ou a unidade.

Talvez possamos esperar por uma nova era de reflexão sobre competição *versus* serviço. "Logo após os ataques terroristas", escreveu Christine Brennan, do *USA Today*, "nosso jargão exagerado, interesseiro e militarista deverá mudar". O *Rocky Mountain News* sugere: "Não devemos nunca mais referir-nos a um chute forte como uma bomba".

Uma filosofia perde-ganha, competitiva, implacável e hostil é uma filosofia de separatividade: "Sua perda é o meu ganho". Nesta abordagem não há nenhum sentimento de totalidade ou de ser um com um universo maior. É neste solo contaminado que as guerras, a pobreza, a ganância, a violência, o desespero empresarial e a baixa produtividade crônica vicejam.

Não importa se você ganha ou perde; o que importa é se eu ganho ou perco.
Darrin Weinberg

Os líderes servidores sabem que a vida não é um esporte sangrento, que nada tem a ver com agressão, violência e competição desumana e hostil, nem tampouco com induzir os outros a perderem ou a se sentirem separados. A liderança servidora propõe uma mentalidade bem diferente: uma mudança da noção perde-ganha superada e discriminatória pela da idéia inclusiva de que todos nós temos opção de ajudar todos os outros a vencer, definindo "vencer" como "Ir o mais longe do que se possa usando tudo o que se tem". A meta é a unidade.

Os maiores líderes servidores da história – Cristo, Buda, Confúcio e Gandhi, entre eles – jamais apoiariam a violência e a agressão retratadas em nossa mídia ou tomariam parte dela. Tais modos de comportamento e expressão estariam em completa contradição com suas crenças e com o modo de vida em que viveram suas vidas – comprometidas com a unidade.

A escolha: ferir ou servir

Um relacionamento não-servidor leva a um relacionamento competitivo, no qual tento derrotar você ou você se esforça para me enganar. Isso é separatividade. Não inspira nenhuma das partes. O que é inspirador para seguidores ou clientes é um líder capaz de servir, porque eles sabem que você e eles são um, e que seu objetivo é tornar a combinação total.

Temos duas escolhas em nossas relações com os outros. Podemos ser rudes, competitivos, dominadores e ofensivos, todas as escolhas que usam energias negativas, de separatividade. Ou podemos servir, a partir da energia inclusiva, positiva, que conduz à unidade. Podemos investir nossa energia – e por isso perdê-las – na tarefa de derrotar alguém, tornando-o separado. Ou utilizá-la para servi-lo e, assim, intensificar a soma de ambas, pois somos um. A energia impiedosa, hostil e competitiva destrói; a inclusiva edifica, cura e leva ao sentimento da completude pessoal – para todos nós.

Só uma vida vivida para os outros é uma vida que vale a pena.
Albert Einstein

As características da competição implacável e hostil não servem aos outros. Servem ao ego e, em nossa sociedade, este modo de pensar no ego em primeiro lugar tem predominado, até agora. Estamos intoxicados pelas classificações das competições hostis. As perguntas que fazemos brotam do ego: Como serei julgado ou visto? Serei melhor que os outros? Tudo gira em torno de mim – o oposto verdadeiro das características servidoras – e todas têm suas referências a partir do lado de fora, da necessidade de aprovação.

A liderança a que todos estamos por demais familiarizados é animada sobretudo pelo ego propenso a separar – o pensamento separativo. Meu ego pode dominar o seu? Não importa se você é um de meus funcionários ou se faz parte de outra empresa que presta os mesmos serviços que a minha. Minha função como líder-guerreiro consiste em impor minha vontade sobre todos estes outros aspectos do meu domínio: meus políticos, meus representantes no Congresso ou no Parlamento, meus advogados, meus contadores, meus seguradores, meus clientes, meus fornecedores. Eu preciso vencer!

A pergunta mais constante e urgente da vida é: “O que você faz pelos outros?”
Martin Luther King Jr.

O líder servidor transcende essas questões baseadas no ego substituindo-as pelo pensamento que inspira a alma e se baseia na consciência de que somos um, fazendo perguntas assim: De que modo posso servi-lo melhor? Como posso apoiá-lo de maneira mais amorosa? O líder servidor transferiu a ênfase do ego para a alma, do mundo visto como partes separadas para o mundo visto como um. Embora a personalidade permaneça parte do que eles são, não é nela que eles se fixam ou onde reside seu foco primordial. O líder servidor conduz a partir da alma.

É um princípio fundamental da psicologia que qualquer coisa que rejeitemos, calemos ou reprimamos em nossa psique se torne mais forte e acabe por nos compelir a reconhecer sua existência, manifestando-se de forma distorcida, exagerada ou impulsiva. A evolução humana avança quando reconhecemos que nossa necessidade de lutar em vez de servir é parte de nossa sombra, que ainda não reconhecemos e, então, damos os passos necessários para fazê-lo.

O comportamento violento e colérico é danoso para a percepção de que somos parte de um único mundo e é prejudicial para nossa saúde também. Os pesquisadores mostraram que homens rancorosos e solitários têm 72% mais chances de contrair doença nas gengivas (periodontite)[11]. Outro estudo feito pela Dra. Patricia P. Chang e colegas da Johns Hopkins University School of Medicine (Escola de Medicina da Universidade Johns Hopkins), publicado na edição de abril de 2002 dos *Archives of Internal Medicine*, revelou que as pessoas com índices mais elevados de raiva em resposta ao stress estavam três vezes mais sujeitas a desenvolver doenças prematuras do coração do que as pessoas menos rancorosas e seis vezes mais infartos por volta dos 55 anos.

Outro estudo, conduzido pelo Buckinghamshire Chilterns University College da Inglaterra e publicado no *Journal of Occupational and Environmental Medicine*, revelou que a pressão sistólica do sangue nos pacientes examinados subia treze pontos em média e a pressão diastólica seis pontos, nos dias trabalhados para um patrão que consideravam injusto. (Os pesquisadores ressaltam que isso é grave o bastante para aumentar em 16% o risco de doença das coronárias e em 38% o risco de infarto.) O comportamento desumano, hostil, competitivo, disfuncional e de separatividade é contraproducente em quase todos os aspectos, inclusive em relação à nossa saúde, pois aliena e frustra aqueles que têm de se ocupar com ela.

11. As descobertas dos pesquisadores Anwar T. Merchant e de seus colegas da Harvard School of Dental Medicine (Escola de Odontologia de Harvard) estão no *Journal of the American Dental Association*, dezembro de 2003, v. 134, pp. 1591-596.

História de duas escolas

Todos os esforços ou profissões são melhorados pelo dom do serviço. A educação pública, por exemplo, costuma pender para uma abordagem padronizada, principalmente diante dos orçamentos reduzidos, da falta de professores e da infra-estrutura decadente. A educação pública está em crise, afetando sobretudo os meninos, um número recorde dos quais está à margem e desvinculado do sistema atual. Algumas estatísticas dos Estados Unidos:

- Da escola fundamental ao ensino médio, os meninos recebem boletins com notas menores que as meninas.
- Os meninos recebem cerca de 75% de todas as suspensões escolares.
- Os meninos ficam atrás das meninas em leitura e escrita em todos os níveis.
- Os meninos superam as meninas em matemática e ciências.
- Os meninos constituem a maioria dos alunos recomendados para educação especial. Deste grupo, 70% têm dificuldades de aprendizagem.
- Os meninos são nove vezes mais propensos que as meninas a sofrer de hiperatividade. Estima-se que um em cada seis meninos (dos 5 aos 12 anos) receba o diagnóstico de transtorno de déficit de atenção com hiperatividade.
- Os meninos são responsáveis por 85% da violência na escola.
- Os meninos afro-americanos são castigados com mais freqüência e severidade do que qualquer outro grupo minoritário[12].

Também sabemos que os estilos de aprendizado são particulares a cada indivíduo e que uma só medida não serve para todos. De fato, prestaríamos melhor serviço aos alunos se identificássemos a didática adequada a cada um, juntamente com a percepção daquilo que mais os inspira e adaptando o ensino às suas necessidades e não o contrário, como fazemos tão freqüentemente.

O Evander Childs High School, no Bronx, é violento, insubordinado, uma confusão acadêmica e social. Menos de um terço dos alunos

12. Mark Harris, projeto final para o curso online "Raising and Educating Boys: Developing Connections in a Changing World". O curso esteve disponível no Gender and Diversity Institute da EDC. www.edc.org/GDI/develop.htm

conclui o curso de quatro anos, e mesmo depois de sete apenas 54% tiram o diploma. O Evander Childs alugou parte do segundo andar a um inquilino inusitado, a Bronx Laboratory School, que ocupa só quatro salas e aspira a uma taxa de graduação de 80%. É uma ilha de inspiração num oceano de medo. Não são as instalações nem o dinheiro que determinam a motivação educacional, são as pessoas e o modo como ensinam – *o modo como servem* – que fazem a diferença.

O diretor da Bronx Laboratory School, Marc Sternberg, de 32 anos de idade, criou uma escola que "espera muito dos alunos, torna-os responsáveis por seu desempenho, atrai a colaboração dos pais como parceiros e cria um ambiente educativo onde o aprendizado não acontece necessariamente numa sala de alguns metros quadrados, mas é um portal para o mundo. Temos aulas de 75 minutos. Você não pode dar uma aula de 75 minutos do modo como costuma dar uma aula de 45 minutos. Ela exige que os alunos façam coisas e criem algo. Essa criação se torna o ato de aprender. Temos reuniões mensais de pais e há uma troca constante de telefonemas entre nós e eles".

Os professores são os Guardiões da Civilização.
Bertrand Russell

Sternberg ressalta que outra diferença importante com relação às escolas convencionais é o nível de envolvimento que a Bronx Laboratory tem com a vida pessoal dos alunos. "Quando uma aluna foge de casa, ou descobre uma gravidez inesperada ou acontece seja lá o que for, nós somos parte da família deles e a família deles é parte da nossa."

A ênfase em servir aos outros e em reafirmar um espírito de unidade está clara.

Estudante em Princeton, Sternberg redigiu sua tese de mestrado tendo por tema o movimento pelos direitos civis em Baton Rouge, que se transformou num estudo sobre o movimento e sua liderança, e por que os líderes fracassaram ou tiveram êxito. Agora, ele põe suas teorias em prática servindo a alunos e pais – e vivendo os Princípios CASTLE: com coragem, autenticidade, serviço, confiabilidade, amor e efetividade.

Duas escolas com duas filosofias diferentes – separatividade e unidade – no mesmo edifício, obtendo resultados quase diametralmente opostos!

Podemos adaptar o sistema educacional de modo a atender às necessidades dos alunos, criando métodos de ensino sob medida para atender a suas capacidades individuais, em lugar de medir suas fraquezas, procurando estimulá-los a aprender em vez de intimidá-los – e, dessa maneira, evitando o risco bem real de produzir outra geração perdida. Alunos são consumidores e o objetivo da organização – o sistema educacional, neste caso – é inspirar e atender às necessidades desses consumidores-alunos.

O líder, na condição de um servidor, revela, pois, maturidade emocional e espiritual pelo reconhecimento de que um desejo de ser agressivo pode ser reconhecido, aceito e domado, e que a energia antes investida em tal comportamento é melhor dirigida para o serviço a outros. Esta é uma importante descoberta pessoal de amplas conseqüências e o começo da inspiração tanto para o indivíduo quanto para aqueles com quem ele ou ela se relaciona. É uma decisão de mudar da separatividade para a unidade, e esta decisão começa sempre com indivíduos que, por sua vez, mudam organizações, comunidades e o mundo.

Ouvir para servir

Se você pedir a um empresário que enumere os atributos do bom líder, ele dirá que tudo se resume em ser visionário, aumentar a riqueza dos acionistas, prestar contas a cada trimestre, vencer a concorrência e ser dono de uma estratégia brilhante. Mas, se perguntar aos seguidores, eles lhe dirão que desejam líderes conscientes que, entre outras coisas, sejam compassivos e atenciosos, imparciais, justos, autênticos, vulneráveis e confiáveis. Eles querem líderes que tenham coragem de manter suas promessas e de respeitar as pessoas que trabalham para eles, que mantêm com eles uma espécie de relacionamento sagrado, e que partilhem informações e recompensas de um modo que os estimule.

E, desse modo, temos líderes e seguidores com idéias completamente diferentes sobre o que é importante na liderança.

Qual é, então, a responsabilidade do líder? É servir aos seguidores, e a dinâmica da inspiração baseada no

A liderança é a qualidade especial que capacita pessoas a se levantar e a empurrar o restante de nós para além do horizonte.
James L. Fisher

Minha namorada diz que eu nunca a escuto. Acho que foi isso mesmo que ela disse.
Drake Sather

serviço conduz à unidade entre o líder e os outros membros da equipe. É isso que leva uma equipe à grandeza. Parece lógico, portanto, que os líderes farão bem em ouvirem primeiro as necessidades dos seguidores se pretendem atendê-las. Os membros de uma equipe freqüentemente têm uma boa noção daquilo que tencionam realizar em sua empresa. E se você lhes pedir que sonhem e avancem e se expandam para além de seu desempenho normal, eles o farão, muitas vezes. Eu descobri que, na verdade, os líderes muitas vezes subestimam o potencial e as aspirações dos seguidores.

Lembro-me de que, certa vez, quando trabalhávamos com um cliente, um dos vice-presidentes me disse: "Passe o dia andando comigo por esta empresa e descobrirei 25 milhões de dólares que poderemos economizar – agora mesmo. Não há nenhuma necessidade de pesquisas; nenhuma necessidade de pagar consultores; nenhuma necessidade de falar com mais ninguém. Eu já sei. Só que eu não tenho ninguém que me ouça e me siga". Nós servimos melhor quando ouvimos – e *depois* agimos.

Conselheiros matrimoniais dirão que a perda da capacidade ou do desejo de ouvir é freqüentemente a principal razão do colapso de um relacionamento. Educadores acreditam que os alunos de baixo desempenho na escola muitas vezes não são ouvidos pelos professores.

Uma pesquisa de Howard B. Beckman, MD, e Richard M. Frankel, PhD, publicada nos *Annals of Internal Medicine*, revela que, em média, os médicos interrompem os pacientes apenas 18 segundos depois que eles começam a falar. Mais atenção aumentaria nossa sensação de estarmos sendo ouvidos, de nos sentirmos íntegros e curados – de sermos um com as outras pessoas.

> Quando você ouve uma pessoa, goste você ou não, aquilo que ela diz se torna parte de você.
> *David Bohm*

A conversação foi definida como uma disputa vocal onde aquele que está tomando fôlego é chamado de ouvinte. Geralmente, não aprendemos grande coisa quando movemos os lábios. *Nós falamos* a respeito da noção de ouvir mais do que a praticamos. É difícil superestimar a importância de ouvir para o líder efetivo e inspirador.

Lições do Pequena Flor sobre saber ouvir

Fiorello LaGuardia foi prefeito de Nova York nos dias sombrios da Grande Depressão e durante toda a Segunda Guerra Mundial. Talvez o mais popular de todos os prefeitos de Nova York, ele era idolatrado pelos cidadãos, muitos dos quais o chamavam de Pequena Flor, porque ele só tinha um metro e meio de altura (mais um pouquinho) e sempre usava um cravo na lapela. Era o prefeito do povo, sempre disposto a ouvi-lo porque se sentia um com ele. Dirigia caminhões do corpo de bombeiros, fazia batidas em pontos de venda de bebidas ilegais com a polícia, levava orfanatos inteiros a jogos de basebol e, durante a greve dos jornais de Nova York, lia a seção humorística de domingo no rádio para as crianças.

> Não há nenhuma maneira democrática ou republicana de limpar as ruas.
> *Fiorello LaGuardia*

LaGuardia estava sempre procurando uma oportunidade para ouvir. Numa noite terrivelmente fria de janeiro de 1935, ele entrou na sala de um tribunal noturno que atendia aos mais pobres da cidade. Deu folga ao juiz pelo resto da noite e assumiu, ele mesmo, o lugar. Um dos acusados era uma moradora de rua, magra, acusada de roubar um pão. Ela contou a LaGuardia que sua filha estava doente e que fora abandonada pelo marido e que seus dois netos passavam fome.

Mas o dono da padaria roubada se recusou a retirar a queixa. "Esta é uma péssima vizinhança, Excelência", explicou ao prefeito. "Ela precisa ser punida para servir de lição aos outros."

LaGuardia suspirou. Ele se voltou para a mulher e disse: "Eu tenho de puni-la. A lei não faz exceções. Dez dólares ou dez dias na prisão". E, enquanto proferia a sentença, levava a mão ao bolso, retirava uma nota e jogava-a dentro de seu famoso chapéu dizendo: "Eis aqui a multa de dez dólares, que agora cancelo; e, além disso, vou multar todos nesta sala em cinqüenta centavos por viverem numa cidade onde uma pessoa precisa roubar pão para matar a fome dos netos. Senhor Meirinho, colete as multas e dê-as à acusada".

> Se você não puder alimentar cem pessoas, alimente uma.
> *Madre Teresa*

No dia seguinte, os jornais de Nova York relataram que 47,50 dólares haviam sido entregues a uma mulher desnorteada que roubara um pão para alimentar os netos famintos. Cinqüenta centavos saíram do bolso do próprio dono da padaria. Cerca de setenta acusados de pequenas infrações, inclusive de trânsito, e vários policiais da cidade, cada um dos quais desembolsaram 50 centavos, aplaudiram de pé o prefeito. Como é importante ouvir!

Se eu prestar
algum serviço,
se tiver mais um
vislumbre
da natureza
e da essência
do bem supremo,
se eu me inspirar
para atingir novos
horizontes de
pensamento e ação,
se eu conseguir
ficar em paz
comigo mesmo,
terá sido um dia
de sucesso.
Alex Noble

Você pode pensar que isso é coisa antiga que você já ouviu antes, mas o que nós mais ouvimos em nosso trabalho com organizações, seus líderes e equipes, no mundo inteiro (independentemente de cultura), é que *os líderes não ouvem*. Podemos dizer que ouvimos muitas vezes dizer que devemos prestar mais atenção ou dizer a verdade, mas é no *fazer* que deveríamos ser sábios para colocar mais de nossa atenção. Fazer pesquisas com funcionários, por si só, não significa ouvi-los. Mas ouvir e aceitar *plenamente* os pensamentos, sentimentos, idéias, preocupações e emoções dos outros diretamente deles sim.

Às vezes podemos nos esquecer de que *eu sou responsável por aquilo que você ouve*. Pode ser que tenhamos aprendido que devemos estimular os clientes de sorte que eles voltem de novo e de novo, mas todos nós conhecemos muitos exemplos em que essa mensagem foi ouvida, mas não foi praticada.

Peter Senge observou que "ouvir plenamente significa prestar atenção ao que está sendo dito nas entrelinhas. Você não presta atenção apenas à 'música', mas também à essência do que a pessoa está dizendo. Você ouve não só para captar o que a pessoa sabe, mas para captar o que ela é. Os ouvidos operam à velocidade do som, o que é bem mais devagar do que a velocidade da luz que os olhos recebem. O escutar produtivo é a arte de desenvolver profundos silêncios em você mesmo, de modo a reduzir a audição de sua mente até a velocidade natural de seus ouvidos, e de perceber o significado que está por trás das palavras".

Ligar os pontos para chegar ao balanço

De que modo a liderança servidora se traduz em melhor desempenho para a empresa? A resposta é surpreendentemente simples: quando servimos aos outros, inspiramos sua grandeza por sermos um com eles e acrescentando algo à sua totalidade.

Um de nossos clientes invoca o que chama de Plano de Cem Dias quando se vê com o orçamento estourado, com despesas altas demais e os lucros baixos demais, comparados ao orçamento ou à previsão. Espera-se que Plano de Cem Dias reconduza a companhia aos trilhos. Anteriormente, os administradores recebiam uma mensagem de separatividade da diretoria:

"Precisamos que o pessoal seja reduzido a duzentos funcionários e precisamos que isso seja feito até a próxima quinta-feira. Como vão fazer isso é problema de vocês. Apenas cumpram a ordem porque é disso que preciso para nos ajustarmos ao orçamento."

Isso deixava as pessoas com raiva, isoladas, intimidadas. Fazia com que se sentissem separadas, alienadas e certamente não se sentissem um com a liderança da empresa. Hoje, os administradores são convidados a discutir, com base na unidade, de que modo se poderá lidar melhor com a situação para todos os interessados. Hoje, os administradores ouvem algo muito diferente:

"Vocês sabem como os orçamentos funcionam e sabem também que temos de permanecer dentro de seus limites, portanto, como podemos colaborar para fazer isso acontecer? Acham que seria boa idéia reunir toda a equipe e pedir suas opiniões e idéias sobre a maneira de conseguirmos isso?"

Não podemos viver só para nós mesmos. Nossas vidas estão ligadas por milhares de fios invisíveis e nossas ações se estendem ao longo dessas fibras invisíveis como causas e voltam para nós como resultados.
Herman Melville

Deste modo, elabora-se um plano conveniente que serve ao todo, um plano que é, por isso, mais efetivo para se conseguir o resultado desejado, não obstante ninguém ter sido magoado ou friamente enviado para as filas (separadas) dos desempregados ou instado a dispensar outros – uma das mais extremas formas de separatividade.

Temos uma escolha quanto ao modo pelo qual vamos alcançar nosso objetivo de colocar a empresa de volta aos trilhos do orçamento. Podemos fazê-lo com a agressão ou com o serviço, tratando os outros como separados ou como um. Um cínico poderia ponderar que o resultado final é o mesmo, independentemente de nossa abordagem. Mas mesmo o mais cínico pode ver que ações baseadas na separatividade trazem conseqüências negativas, inclusive queda do moral, da qualidade e do serviço, e um maior absenteísmo e rotatividade do pessoal – e isso gera custos adicionais, não só para o balanço, mas também para o coração.

Tente esquecer-se de si mesmo a serviço dos outros. Porque quando pensamos demais em nós mesmos e em nossos próprios interesses, acabamos ficando desanimados. Mas, quando trabalhamos em favor de outros, nossos esforços voltam para nos abençoar.
Sidney Powell

No caso de outro cliente, por exemplo, que concluiu que sua folha de pagamentos estava com um excesso equivalente aos salários de trezentos empregados, comparada ao orçamento, o líder pediu sugestões criativas aos funcionários a respeito de como a empresa poderia evitar a alternativa de despedir trezentas pessoas. Em pouco mais de duas semanas, os nove mil funcionários da companhia apareceram com idéias que, quando implementadas por completo, geraram renda extra mais do que suficiente para cobrir os salários daquelas trezentas pessoas.

As pessoas são criativas. Se você as servir bem, convidando-as para conversar e depois ouvindo-as com atenção, elas se sentirão integradas, atendidas e seguras de que estão sendo tratadas com confiança. Quando as pessoas são inspiradas dessa forma, podem-se esperar resultados impressionantes. Um líder servidor, ao se defrontar com um desafio, senta-se com os seguidores e lhes pergunta: "Como podemos resolver este problema juntos?" Isso é unidade.

No Centro Secretan, praticamos o planejamento preventivo. De tempos em tempos, nós nos reunimos e fazemos um *heartstorming* (nosso termo para *brainstorming*) em torno de cenários futuros tais como o que deveremos fazer caso os negócios deixem de seguir no mesmo ritmo. Em nossas discussões, fazemos perguntas como estas aos membros da equipe: "Que aconteceria se nosso negócio se reduzisse em 50% e já não houvesse trabalho para todos nós? O que vocês gostariam de fazer então? Precisamos tratar disso *antes* que aconteça, não *quando* acontecer. Por isso, gostaria de saber o que vocês pensam agora, enquanto não temos este problema. Vocês tirariam uma licença sabática? Trabalhariam meio período? Aceitariam um salário menor? Imaginariam um novo negócio? Têm alguma idéia sobre como gerar renda que ajudariam a nos sustentar? Em qualquer caso, dou-lhes minha palavra de que não serão despedidos. Por isso, comprometendo-me a mantê-los, eu preciso saber qual seria o compromisso de *vocês*. E em que contribuiriam numa situação dessas?"

A vocação de todo homem ou mulher é servir ao próximo.
Leon Tolstói

Outra empresa com a qual trabalhamos – uma companhia de grande porte na área de energia – viu-se, devido a mudanças nas condições de mercado e a práticas de estabilidade de emprego, com 50% a mais de pessoal do que o negócio poderia suportar regularmente – 3.500 pessoas. Sua solução foi tratar os funcionários como um com a empresa e seu futuro pedindo-lhes que visitassem seus clientes atuais para descobrir que novos serviços a firma poderia lhes oferecer e pelos quais eles estariam dispostos a pagar. Graças a essa pesquisa, a companhia criou 60 novas subsidiárias, treinou novamente todos os funcionários excedentes e os recolocou em novas funções.

Um cliente diferente, um hospital que acabara de adquirir outro, descobriu que seu novo quadro de funcionários tinha agora 400 profissionais além do necessário. Para evitar dispensas, consultou as comunidades locais e lhes pediu apoio. Se os membros da comunidade se tornassem clientes, explicaram os executivos, as rendas maximizadas capacitariam o hospital a manter os funcionários extras na folha de pagamento. A comunidade se uniu para lhes dar apoio e todos puderam conservar seus empregos.

Os líderes conscientes usam a coragem e a imaginação para servir a *todos* e não apenas a alguns de seus seguidores. Estes, servidos desta maneira, ficam agradecidos e estimulados e passam, por sua vez, a servir a empresa e a gerar prosperidade para ela, para os acionistas, os clientes, os fornecedores e a comunidade.

Tudo o que vai volta

O escritório de Kirk Hoessle é uma selva de um milhão de acres de um verde agreste. Natural do Missouri, Kirk formou-se em Educação Ambiental e Recreação ao Ar Livre, partindo logo a seguir para as terras selvagens do Alaska. Em 1982, serviu de guia em safáris de aventureiros pelo majestoso interior do Estado: o Kenai National Wildlife Refuge, a Chugach National Forest e o Denali National Park. Naqueles dias, cinqüenta criaturas afortunadas aliviavam sua alma todos os anos nessas regiões arrebatadoras. Hoessle gostava tanto de seu trabalho que resolveu comprar a companhia para a qual trabalhava, acabando por transformá-la, de seu modesto início, no que é hoje a Alaska Wildland Adventures, uma empresa de ecoturismo premiada, com doze funcionários fixos e oitenta sazonais. Todos os anos, a empresa promove passeios para mais de 1.000 hóspedes em visita ao interior do Alaska. Alguns se alojam em tendas, mas a maioria prefere passar a noite nas autênticas cabanas de madeira da região. Em 2005, a Alaska Wildland Adventures contou, entre seus convidados, com o ex-presidente americano Jimmy Carter e sua esposa.

A experiência anterior de Kirk como guia e funcionário na empresa agora de sua propriedade ensinou-lhe como é importante, para o êxito de um negócio, servir aos funcionários.

"Ainda me lembro do que significa ser empregado e sei que os serviços da minha companhia dependem inteiramente dos funcionários e sua interação com os clientes", diz ele. "Como empresa de ecoturismo, também reconhecemos a unidade das pessoas e do ambiente e servimos a ambos como um."

Hoessle trabalhou duro para atender ao desejo natural de confiança e franca comunicação com todos os empregados. Segue o modelo de administração às claras, que ajuda a construir um sentimento de "família" pela honesta abertura de todas as informações financeiras da empresa. Um plano de participação nos lucros está em andamento e os funcionários são consultados anualmente a respeito de suas idéias para o aprimoramento das operações, com os resultados vindo a público no começo de cada temporada. Hoessle também delega boa parte das decisões aos chefes de departamento, que por sua vez são estimulados a delegá-las a comitês e, quando possível, a colegas. Com acesso às informações financeiras, os funcionários podem tomar decisões seguras em termos de gastos, marcar seus próprios períodos de férias e usar sua liberdade de ação em muitos assuntos. Os empregados temporários da Alaska Wildland Adventures gostam tanto de seu trabalho que a maioria volta todos os anos.

Quando as pessoas estão servindo, a vida ganha significado.
John W. Gardner

A alegria deles é evidentemente visível para as pessoas de fora. Glenda Denny ouviu falar da companhia quando trabalhava num hotel das vizinhanças. Saber do entusiasmo e da paixão dos guias da Alaska Wildland Adventures a convenceu a se juntar à empresa.

"Estavam todos muito satisfeitos e podia-se dizer com certeza que adoravam seu trabalho", diz ela.

Quarenta por cento dos visitantes já estiveram no local outras vezes e alguns fazem excursões com a companhia há quinze anos.

As conseqüências do 11 de setembro foram devastadoras para a Alaska Wildland Adventures e Hoessle viu-se obrigado a fazer escolhas difíceis. Mas ele envolveu sua equipe nas decisões, convidando-a a contribuir com suas idéias para resistir ao período difícil. Em vez de simplesmente distribuir avisos de demissão para cortar custos, a empresa ofereceu aos empregados a oportunidade de optar por trinta dias de férias não-remuneradas. Alguns escolheram tirar todo o período de uma vez só, outros preferiram trabalhar apenas quatro dias por semana. Hoessle concedeu empréstimos aos que enfrentaram dificuldades como conseqüência do novo horário. Os empregados foram encorajados a usar os diversos alojamentos da empresa fora de temporada. Kirk queria se certificar de que a companhia os estava amparando naqueles tempos difíceis.

Grandes desafios estavam à vista. Logo no início do verão de 2003, um raio atingiu uma área de floresta preservada numa distante encosta a apenas três quilômetros de distância de Kenai Backcountry Lodge, de propriedade da Alaska Wildland Adventures, provocando um incêndio persistente. Nas áreas preservadas do Alaska, os incêndios, considerados episódios naturais do ecossistema, só são combatidos quando ameaçam escapar ao controle e destruir estruturas ou pontos críticos. Assim, o fogo provocado pelo raio seguiu seu próprio curso.

Aquele verão foi inusitadamente seco e, por fim, o principal suprimento de água de Kenai Backcountry Lodge, dependente de um regato alimentado por uma fonte, esgotou-se pela primeira vez na história da companhia. Este foi o primeiro sinal para a administração de que havia grande risco de que o fogo pudesse ficar fora de controle.

Hoessle e sua equipe telefonaram quase diariamente para as agências de controle de incêndios do Estado do Alaska em julho e início de agosto, solicitando medidas de combate ao fogo, mas não houve resposta imediata porque as agências não avaliaram o potencial real de devastação do incêndio.

No dia 10 de agosto, Hoessle recebeu uma chamada em seu escritório de Girdwood, a três horas de carro e barco de Kenai Backcountry Lodge. A chamada era de um morador da outra margem do lago, informando que avistara fumaça se elevando da margem. Inquieto, Hoessle ligou para o encarregado das instalações que, lançando uma canoa às águas, confirmou de fato que o fogo estava descendo em direção do lago – e Kenai Backcountry Lodge ficava diretamente em seu caminho. A equipe de

Hoessle evacuou imediatamente as oito cabanas erguidas no local e improvisou novas acomodações para os hóspedes.

Após contatar a Kenai National Wildlife Refuge, responsável por alertar o serviço de controle de incêndios do Estado do Alaska, Hoessle e dois membros de sua equipe voltaram para casa à cata de sacos de dormir, roupas apropriadas, motosserras e qualquer outro equipamento que eles pensaram pudesse ser útil. Em seguida, dirigiram-se a Kenai Backcountry Lodge. Ali, com o auxílio dos funcionários do alojamento, usaram as próprias mangueiras e bombas de sucção das instalações para molhar as construções. Fizeram também um corta-fogo em torno da propriedade abatendo árvores e arbustos. À tardinha, uma equipe de oito bombeiros chegou de bote. Mas, para desapontamento de Hoessle e de sua equipe, partiram novamente quando os ventos começaram a soprar, criando um perigo adicional, e aconselharam Hoessle e seu pessoal a deixarem o local também.

Percebendo que teria de mobilizar mais gente para tentar salvar as instalações, se isso ainda fosse possível, Kirk telefonou tarde da noite para Kevin McDermott, seu ex-empregado e agora dono de uma empresa de construção. Sem hesitar, Kevin concordou em conduzir sua equipe para Kenai Backcountry Lodge para ajudar a combater o fogo. Ele mesmo entrou em contato também com outro ex-empregado, Dennis Weber que, por sua vez, convocou o irmão Mike e sua esposa Jen. Dennis, Mike e Jen não perderam tempo e partiram imediatamente. Eles pegaram suas serras e outros equipamentos e viajaram de carro a noite toda a fim de chegar ao local logo ao amanhecer. Todas as pessoas deste grupo, incluindo Mike, Jen e a equipe de Kevin, eram ex-empregados da Alaska Wildland Adventures.

Das seis da manhã ao meio-dia, dezoito empregados e ex-empregados trabalharam juntas para debelar o incêndio. Só então as primeiras equipes de bombeiros chegaram. Os voluntários trabalharam o dia inteiro para cortar a linha de fogo. Ninguém perguntou se, ou quanto, ganharia com isso.

"Uma semana depois", lembra-se Hoessle, "entreguei-lhes os cheques e tive imensa dificuldade em convencê-los a aceitar o pagamento."

Kenai Backcountry Lodge, peça fundamental da Alaska Wildland Adventures, foi salva graças aos esforços de antigos funcionários cuja dedicação à companhia não cessara quando resolveram tomar outros rumos.

Tendo começado como guia na empresa, Kirk está bem ciente de como servir aos outros gera satisfação e efetividade na equipe. E os outros, em sua equipe, compartilharam da mesma experiência. Kyle Kelly começou como motorista e foi promovido a guia e depois a diretor de programas. Hoje é responsável por todas as operações da Alaska Wildland Adventures.

A longo prazo, só ganhamos o que estivemos dispostos a correr o risco de dar.
Sheldon Kopp

Hoessle sabe que os membros da equipe precisam ser respeitados, elogiados e ouvidos – servidos, enfim. Ele envolve seu pessoal no processo de tomada de decisões numa base contínua. Acredita em administrar por resultados e em não desmoralizar as pessoas tiranizando-as. Sustenta o princípio de que todos devem se respeitar, mesmo quando há desacordo, e que é importante compreender primeiro antes de tentar ser compreendido. A atenção verdadeira é um aspecto crucial desta prática.

"As pessoas trabalham aqui porque se identificam com nossa causa e com os ideais ambientalistas", explica ele. "Elas ficam porque são bem-tratadas."

Servir aos outros é sempre um ótimo investimento.

Olhe de novo para estas palavras: "Elas ficam porque são bem-tratadas". Isso é verdadeiro para empregados, consumidores, cônjuges, paroquianos, sócios, amigos e cidadãos. Servir aos semelhantes com a consciência de que todos estamos ligados, de que somos todos interdependentes, de que somos todos um é o melhor investimento que podemos fazer em nós mesmos – porque nós também somos parte da unidade.

Praticando a unidade recuperando nossa paixão para servir

Servir aos outros, ao nosso ambiente e a um propósito maior – nosso destino – é a razão de viver. Quando servimos, inspiramos e, quando servimos, lideramos. E quando servimos, inspiramos e lideramos dessa maneira, tornamo-nos um com aqueles a quem servimos. Reflita sobre as seguintes perguntas enquanto aprofunda seu compromisso de servir ao próximo:

Um homem embrulhado em si mesmo dá um pacote muito pequeno.
Benjamin Franklin

- Para servir, precisamos primeiro escutar – você escuta para *ouvir*?
- Você escolhe servir em vez de competir?
- Alguém disse que a raiva é o mesmo que beber veneno e esperar que a outra pessoa morra. Você renunciou à raiva de forma que você é capaz de servir?
- O medo foi banido de seu trabalho e de seu ambiente pessoal, para que o serviço possa desabrochar?
- Você sempre tenta curar e fazer um esforço consciente para não ferir nunca?
- Você substituiu o medo e a agressão pelo serviço e pela compaixão?
- Quando servimos mais ao próximo, somamos ao nosso desenvolvimento. Como você está se tornando um melhor servidor dos outros – e, portanto, crescendo?
- Seus colegas o consideram um "líder servidor"?
- Seus colegas antigos e atuais "dirigiriam toda a noite para apagar seu incêndio"?
- Você está servindo de formas que contribuem para a unidade de todas as pessoas e do planeta?

Conclusão

Por que precisamos do Serviço? Porque o Serviço
é uma dádiva concedida aos outros que torna a competição,
a agressividade e o egoísmo irrelevantes.
Nós todos somos um.

REFLEXÕES PARA ESTIMULAR O SERVIÇO

Descreva um dos maiores momentos de Serviço em sua vida – um momento em que você esteve no melhor de si, a Serviço das necessidades de outros:

____

____

____

____

____

____

Descreva uma situação atual em sua vida que, em seu coração, você sabe que poderia ser melhorada pela prática de um maior Serviço aos outros. Ele já está dentro de você, portanto, de que modo aplicaria o mesmo nível de Serviço, descrito em seu próprio exemplo acima, a esta situação atual?

____

____

____

____

____

____

Aqueles que levam a luz do sol à vida de outras pessoas não podem negá-la a si mesmos.

James Barrie

8

CASTLE

CONFIABILIDADE

Há um velho enigma enunciado assim: um viajante chega a uma encruzilhada que leva a duas aldeias. Numa das aldeias, as pessoas sempre mentem e na outra sempre dizem a verdade. O viajante precisa visitar um parente que mora na aldeia onde todos dizem a verdade. Duas irmãs estão postadas bem no meio da encruzilhada entre as aldeias. Uma sempre mente e a outra sempre diz a verdade, mas o viajante não tem como identificá-las. Todavia, com uma única pergunta cuidadosamente elaborada, ele consegue obter de uma das irmãs a resposta que indica o caminho a seguir. Que pergunta o viajante fez?

Desiste? Eis aqui a resposta. O viajante pergunta a qualquer uma das irmãs: "Que caminho *ela* (apontando para a outra) diria que leva para a aldeia onde todos sempre dizem a verdade?" E, ao ouvir a resposta, toma o caminho oposto.

Mas eis uma pergunta mais importante ainda: que irmã você gostaria de ter por amiga? A que mente ou a que diz a verdade?

A desvalorização da moeda da verdade

> A elegância da honestidade não precisa de adornos.
> *Merry Browne*

Os pesquisadores revelaram que as pessoas dizem uma média de treze mentiras por semana. Outro estudo sugere que a mentira ocorre em quase dois terços das conversas. Três quartos de nós "enriquecemos" nossos currículos e, de acordo com um estudo, cerca de 20 a 30% dos executivos redigem relatórios internos fraudulentos. Num amplo estudo com cientistas pesquisadores na área de biomedicina, Brian Martinson, da Health Partners Research Foundation, em Mineápolis, e Melissa Anderson e Raymond de Vries, da Universidade do Minnesota, relataram que 33% dos entrevistados admitiram ter cometido pelo menos um ato profissionalmente duvidoso nos últimos três anos. Um pouco mais de 15% confessaram ter "alterado o esquema, a metodologia ou os resultados de um estudo em resposta à pressão da entidade patrocinadora".

Embora nenhum desses incidentes possa, em si mesmo, ser significativo, os lapsos repetidos e insidiosos de integridade, de fato, com o tempo, têm o efeito de minar nossa fé e a confiança em nossas instituições – e, pior ainda, nossa fé e confiança uns nos outros. Perpetrar "atos duvidosos" na ciência biomédica para garantir o fluxo de fundos de pesquisa é outra demonstração da ilusão da separatividade, que, neste caso, costuma ter conseqüências extremamente negativas na saúde e na vida de milhões, tudo por causa da falta de compreensão de nossa interligação – nossa unidade.

Costumávamos viver muito mais próximos uns dos outros, em pequenas comunidades onde o impacto da mentira podia ser bem maior. A comunidade era uma só e a mentira logo se transformava num problema de todos, não apenas numa questão pessoal. Embora tenhamos perdido temporariamente o sentimento de comunidade, ele está voltando, e, com a ajuda dos recursos da era digital, começamos a reconstituir a consciência coletiva. Está se tornando mais difícil esconder nossas mentiras dos olhos digitais e, portanto, as conseqüências da mentira são cada vez mais desencorajadoras. De certo modo, a Internet se tornou uma consciência digital.

Em alguns de nossos seminários e retiros, pedimos aos participantes que preencham um questionário com uma série de afirmações e depois os convidamos a classificar a aplicabilidade de cada uma delas à própria vida. A escala vai de zero a dez, com zero representando "não" e dez representando "sim". Uma das afirmações é: "Eu sempre digo a verdade". A maioria das pessoas responde sublinhando um número qualquer no alto da escala, quase sempre oito ou nove. Encontramos poucos dez, mas às vezes um nove e meio.

Marge, a mentira exige duas pessoas. Uma para mentir e a outra para escutar.
Homer Simpson

Então perguntamos: "O que você quer dizer com esse nove e meio se a afirmação é 'Eu *sempre* digo a verdade'?" Alguém dirá: "Bem, o que quero dizer é que *quase* sempre digo a verdade. Às vezes posso não dizer a verdade, ou apenas omito a verdade não a dizendo. Ou talvez a verdade possa mesmo ser irritante para alguém e nesse caso não devo dizer toda a verdade, ou algumas vezes não ferir os sentimentos de alguém, mas, caso contrário, a maior parte do tempo eu digo a verdade".

Explicamos: "Então, sua resposta deveria ser zero, certo? A afirmação é: 'Eu *sempre* digo a verdade'. Sua resposta só poderia ser sim ou não, nunca algo intermediário".

> Toda violação da verdade é não apenas uma espécie de suicídio para quem mente, mas como que uma punhalada na saúde do gênero humano.
> *Ralph Waldo Emerson*

Este artifício ilustra como encaramos levianamente a verdade no trabalho e na vida. O fato de obtermos estas respostas disparatadas é um indício de que diluímos nossos padrões de verdade e de que muitos de nós estão bem preparados para dar uma resposta vaga porque comprometemos o significado da verdade. Achamos que isso está certo e que somos confiáveis se dissermos a verdade a maior parte do tempo. Afinal, argumentamos, todos fazem o mesmo e fazer o contrário seria ingenuidade no mundo de hoje. E assim, desvalorizamos a moeda da verdade.

As variedades de engano

Há muitos modos a partir dos quais não somos honestos. Toda vez que elaboramos um orçamento que não é confiável e honesto, no qual escondemos itens e mascaramos outros sob diferentes rótulos, departamentos ou categorias, não estamos dizendo a verdade. De fato, quando pergunto em nossos retiros aos participantes se eles já viram um orçamento confiável, normalmente eles riem, como se semelhante idéia estivesse encantadoramente fora de moda.

> Existem três verdades: a minha verdade, a sua verdade
> e a verdade.
> *Provérbio chinês*

De modo semelhante, raramente somos inteiramente confiáveis nas áreas de propaganda, apresentação de produto ou etiquetagem. Entre os ingredientes mencionados num rótulo, por exemplo, às vezes podemos ler "açúcar" no alto e depois "glucose" ou "frutose" listadas separadamente. Ora, glucose e frutose são apenas formas diferentes de açúcar e essa é apenas uma maneira esperta pela qual as empresas evitam a sinceridade com seus consumidores quanto ao conteúdo total de açúcar de um produto.

Certa vez sugeri à administração de uma das maiores empresas de alimentos do mundo que considerassem a colocação de um rótulo em seus produtos que dissesse: "Nós dizemos a verdade. Eis aqui uma lista completa e meticulosa do que está contido neste produto..." Eu tinha uma forte intuição de que tal medida aumentaria em muito o interesse e a lealdade dos consumidores, sobretudo os mais conscientes a respeito da nutrição, que saberiam poder confiar nas marcas daquela organização incondicionalmente, já que a verdade estaria garantida.

Os executivos acharam que isso era uma idéia brilhante, mas, após passá-la por vários departamentos internos, decidiram que, como a medida significava uma mudança radical nas regras do jogo, ela criaria complicações insuperáveis em suas relações com agências de propaganda, distribuidores, fabricantes, fornecedores, consumidores, fiscais e companhias de seguros. Seria um desafio perigoso demais para que eles levantassem tão alto a bandeira da honestidade.

"Nossos advogados cairiam sobre nós", disseram, "explicando-nos que podemos ou não podemos fazer – responderíamos a um processo atrás do outro."

Concluíram, pois, que não poderiam adotar a sugestão porque seu investimento em subterfúgios e comunicações enganadoras era simplesmente grande demais, sólido demais. Por isso, renovaram seu compromisso de continuar com a falsidade.

Em 2005, quando a McDonald's Corp. anunciou que iria divulgar na embalagem as informações nutricionais da maioria de seus produtos já a partir de 2006, o preço das ações da empresa imediatamente subiu 3%. Nós ansiamos pela verdade – e a confiabilidade é *boa*, não má, para os negócios.

Os rótulos podem ser o maior bem de uma empresa ou sua maior deficiência. A indústria do fumo foi acusada de negar que o cigarro vicia e provoca câncer, além de reforçar essa postura com dados espúrios. Finalmente, ela perdeu a causa e foi multada em mais de 250 bilhões de dólares por ludibriar os americanos. (Isso pode parecer um número muito grande, mas para avaliar o quanto é de fato grande saiba que, se fosse contá-lo em voz alta, levaria 7.500 anos para chegar ao fim.) Se a indústria do fumo houvesse pura e simplesmente colocado advertências em suas embalagens – em outras palavras, dito a verdade –, quando já sabia muito bem que o cigarro mata, poderia até ter ensaiado uma defesa plausível. Dizer a verdade poderia ter saído mais barato do que promover uma campanha de mentiras. Muitas pessoas, de qualquer maneira, continuariam fumando. Não existem ações sem conseqüência. Somos todos um.

A verdade: a maior geradora de lucros que se conhece

Dizer a verdade talvez seja o maior gerador de lucros na história empresarial. Calculo que cerca de 20% da força de trabalho esteja hoje empenhado em fiscalizar os outros 80% para se certificar de que as normas e regulamentos das companhias são seguidos, de que a lei é respeitada, de que as despesas são autênticas, de que os orçamentos foram cumpridos e de que há honestidade e integridade nos incontáveis processos ou procedimentos em torno dos quais as empresas se estruturam.

Isso significa que numa organização de dez mil funcionários, cerca de dois mil são responsáveis por garantir que os outros oito mil sigam as regras, e fazem isso por meio de auditorias, controles orçamentários, avais, aprovação de despesas e assim por diante. Se calcularmos que cada empregado custa à empresa uma média de 50 mil dólares por ano, incluindo salários, benefícios e custos adicionais, a soma chegará a espantosos 100 milhões de dólares anuais. Mas se começássemos uma ampla iniciativa de confiabilidade e obtivéssemos apenas 50% de sucesso, poderíamos, então, teoricamente, salvar mil empregos – metade das pessoas que estão fiscalizando as outras oito mil.

Poderíamos, então, dar novo treinamento a estas mil pessoas para se ocuparem de tarefas produtivas, tal como atender melhor aos consumidores, estimular os funcionários, diminuir a rotatividade de pessoal, criar novos produtos e serviços e elevar a qualidade a alturas verdadeiramente míticas. Essas pessoas já estão na folha de pagamentos e, se sua energia e entusiasmo (sem falar do custo de 50 milhões para a firma) fossem redirecionados para fins mais produtivos, que *geram* dinheiro em vez de *consumi-lo*, elas contribuiriam de modo ainda mais significativo para a transformação da empresa, para sua efetividade e rentabilidade.

Portanto, quando dizemos que não conseguimos encontrar pessoas qualificadas em número suficiente e que as empresas se ressentem de quadros incompletos de funcionários, convém pensar duas vezes! Há muita gente boa por aí, mas nós as colocamos nas funções erradas – funções que elas assumem porque não fazemos a coisa certa desde o começo: não dizemos a verdade e, por conseqüência, conformamo-nos com a mediocridade, que resulta da falta de confiabilidade. A verdade é uma poderosa ferramenta econômica. De fato, é possível que não haja nenhuma outra iniciativa que, por si só, possa incrementar mais os lucros do que um compromisso radical com a confiabilidade – não precisamos de Kaizen, Six Sigma, corte de custos, TQM ou qualquer outro "programa de aumento de lucros" conhecido.

Quando Mary Cusack foi convidada a construir uma fábrica de embalagens de cinqüenta milhões de dólares para a Light Duty Liquids (marcas Dawn, Joy e Ivory), da Procter & Gamble, ela percebeu que o projeto estava contaminado de desconfiança e desonestidade. Trabalhando com o gerente de Recursos Humanos, Don White, ela deu início a um processo de cultivo da verdade inspirado em Brad Blanton (autor de *Radical Honesty*) e Will Schutz (autor de *The Human Element*).

"Incentivamos as pessoas a olhar bem nos olhos umas das outras, a se elogiar, a pôr para fora seus ressentimentos, superá-los e seguir em frente", conta Cusack. Ela, pessoalmente, estava empenhada em partilhar "todas as informações e opiniões nas quais baseasse minhas decisões. Tornei-me vulnerável diante do meu pessoal. Não se esperava de mim, mulher numa fábrica, que mostrasse emoções. Mas isso foi vantajoso para mim".

Um notável aumento na rapidez da tomada de decisões e na produtividade foi o resultado desse corajoso compromisso com a verdade. Embora comumente sejam necessários de dezoito a 24 meses para construir uma fábrica, Cusack fez o trabalho em seis meses e, ao mesmo tempo, desenvolveu também novos projetos de embalagem.

"Economizamos de doze a dezoito meses", diz ela. "Ou seja, dez milhões de dólares."

Em geral tomamos isso às avessas: achamos que dizer a verdade vai custar dinheiro e nos colocar em maus lençóis. O contrário é que é verdadeiro.

Conseguimos o que esperamos conseguir

O pressuposto subjacente aos controles empresariais e procedimentos de aprovação de despesas é que as pessoas não serão confiáveis a menos que seus gastos sejam verificados e auditados. Como CEO, começo sempre pela hipótese de que todos são de confiança em nossa empresa. Quando os colegas fazem despesas relacionadas ao trabalho e apresentam devidamente os recibos, nós os reembolsamos. Por que não pode ser simples assim em toda parte? Por que exigimos que relatórios de gastos sejam feitos em três vias e sejam aprovados por três responsáveis diferentes?

Se alguém em nossa organização diz precisar de uma tarde para levar o filho ao pediatra, não lhe exigimos que prove a veracidade disso apresentando "a prova" na forma de um atestado médico. Confiamos nas pessoas e queremos que elas sejam íntegras. Um funcionário preocupado com a saúde do filho não será tão produtivo e leal quanto um que não tem tal preocupação. Empregados que se sabem merecedores de confiança sentem-se mais envolvidos, tornando-se por isso mais presentes e inspirados. Nossa filosofia é: se um colega de confiança (ou seja, *todos* os colegas) precisa de tempo para cuidar de assuntos pessoais, ele tem de ter esse tempo. Não precisará mentir.

Às vezes nos perguntam se as pessoas costumam abusar de um sistema que confia nelas incondicionalmente. Mas nossa experiência é a de que as pessoas não abusam de sistemas nos quais elas gozam de confiança. Se todas sabem, como ocorre em nossa organização, que, se precisarem de licença por qualquer razão, tudo o que têm de fazer é pedi-lo, e que podem ter todo o tempo de que necessitam, por que, então, tentariam enganar o sistema que lhes dá tamanha flexibilidade? Nós acreditamos que não fazem isso.

Numa equipe inspirada, que valoriza o conceito de unidade, existe um compromisso de uns com os outros para servir e inspirar. A mentira não dá isso e, por esta razão, ela raramente é praticada em equipes de alto desempenho. Membros de equipes inspiradas não enganam ou mentem para seus colegas. Eles sabem que, se desapontarem os outros, eles mesmos ficarão desapontados, pois todos são um.

Muito disso tem a ver com o fato de conseguirmos o que esperamos conseguir. Se esperamos que as pessoas sejam honestas, confiáveis e francas, atrairemos pessoas francas, confiáveis e honestas para a nossa vi-

A verdade existe, só a mentira precisa ser inventada.
Georges Braque
(Pensées sur l'Art)

da – e, como líderes, para as nossas organizações. Com o passar do tempo, isso modifica a cultura da empresa e suas relações com fornecedores, clientes e empregados. Em cerca de 2% dos casos, a confiança é enganosa e as pessoas nos decepcionam. Isso pode ser doloroso e sair caro. Mas precisamos viver nossa vida com esperança, celebrando os 98%, não os 2%, confiando em nossas forças, não em nossas fraquezas.

Há alguns anos, na área de Little Venice, em Los Angeles, um restaurante não conseguia deslanchar. Os donos suspeitaram que estivessem cobrando muito caro. Eles implementaram uma nova política. Retiraram os preços do cardápio e pediram aos clientes que pagassem o que achavam justo pela refeição. O resultado foi um *aumento* médio de 35% nas contas! Naquilo que parece um resultado contra-intuitivo, os clientes pagaram preços mais elevados do que aqueles que o cardápio indicava antes. Se presumirmos que as pessoas são essencialmente generosas por natureza, elas o serão. Chama-se isso de intencionalidade.

Em Kleinburg, Ontário, há um pequeno café-jardim, o Mr. McGregor's House, assim chamado em homenagem a um personagem da história de Peter Rabbit, de Beatrix Potter. O restaurante opera segundo o princípio da confiança. Os clientes escolhem os pratos e bebidas no bufê e levam-nos para a mesa. Ninguém anota o que e quanto cada um pega. Finda a refeição, os clientes vão até o caixa, descrevem ao funcionário os itens que consumiram e pagam a conta.

Há pouco, uma colega minha ficou na fila do caixa atrás de uma pessoa que viera pela primeira vez ao restaurante. A pessoa perguntou à dona, que estava no caixa, se todos eram sempre honestos e pagavam exatamente o que consumiam. A dona respondeu que, de um modo geral, sim. E o cliente comentou: "A senhora continua no negócio, então suponho que seus clientes sejam de fato honestos". A proprietária desse restaurante espera que todos os seus clientes sejam dignos de sua confiança, e consegue o que espera conseguir.

A verdade recompensada

Por que, então, com tanta freqüência temos medo de falar a verdade? É porque fomos condicionados a esperar uma reação negativa ou mesmo um castigo? Nós não apenas conseguimos o que esperamos conseguir, também recebemos de volta o que damos. E se quisermos criar empresas, instituições, famílias e uma sociedade que recompensem a verdade, vamos precisar implementar uma completa reformulação dos sistemas a fim de que eles apóiem a confiabilidade. A desonestidade é abundante em todos os setores da sociedade e omissões da verdade são tão corriqueiras quanto a mentira.

Em suas memórias, Nancy Reagan conta que o vice-presidente George H. Bush certa vez lhe comunicou suas preocupações com o chefe do Estado-Maior, Donald Regan. A senhora Reagan aconselhou-o a falar diretamente com o presidente, mas Bush replicou que esse não era seu papel.

"Pois é exatamente o seu papel", declarou ela.

A cultura da confiabilidade é implantada mais facilmente pela mudança da infra-estrutura corporativa, a fim de que ela não recompense mais quem mente à custa daqueles que dizem a verdade, e por intermédio de líderes que estabeleçam um padrão desse tipo.

Isso exige reformulações de base nos sistemas de recompensa, de auto-avaliação e nos sistemas de avaliação de desempenho, tanto quanto nos de orçamentos e muitos outros processos. Isso pressupõe, é óbvio, um investimento considerável de tempo e energia e não pode ser realizado da noite para o dia. Compromisso e paciência são necessários para implementar um novo esquema corporativo e os processos conjugados que conduzem a uma cultura de confiabilidade. Mas as recompensas, que derivam das várias maneiras pelas quais o respeito profundo à dignidade humana e à santidade da alma é reconhecido, levam a uma redução do stress, do absenteísmo, da rotatividade de mão-de-obra e de queixas de clientes, e a uma melhora nos resultados, fazendo que o esforço todo valha a pena.

A verdade inspira

Os mentirosos nos entristecem e desapontam. Eles nos amedrontam e magoam. Mas os defensores da verdade nos inspiram e iluminam nossa vida com a esperança. Eles nos mostram que há um patamar mais elevado a que todos podemos ascender.

Bernie Bredschneider, professor do ensino médio e treinador das equipes de atletismo da Mayfield Secondary School em Caledon, Ontário, Canadá, mostra-nos como. Ele treina a famosa equipe de natação feminina Mayfield Mavericks, que já acumulou inúmeras vitórias em grandes eventos esportivos.

No inverno de 2005, a equipe treinava com a dedicação de sempre para o campeonato da OFSAA (Ontario Federation of School Athletic Association [Associação Atlética da Federação de Escolas de Ontário]), a ser realizado em março. As garotas sabiam que, com empenho, treino e atitude poderiam conquistar o troféu.

"Para os quase mil jovens que competem", diz o treinador Bernie, "um campeonato da OFSAA é como uma Olimpíada. Um acontecimento impressionante. Os jovens procuram, realmente, superar-se. Eles se esforçam ao máximo, dão tudo de si para passar por essa experiência com a certeza de que fizeram o melhor."

Na final do campeonato de março de 2005, as meninas da equipe de Bernie viram-se frente a frente com as melhores equipes das outras escolas, todas competindo pela medalha de ouro. O desafio era importante também por outra razão. Os pontos ganhos naquela etapa contariam para o total necessário para a escola levar o título de campeã de todo o torneio ao final dos dois dias de competição – perspectiva que, dado o seu preparo e vontade de vencer, estava ao seu alcance.

De repente, num momento de forte tensão, uma das quatro garotas saltou para a água uma fração de segundo antes de a nadadora que a antecedera ter tocado a parede da piscina. Esse é o pior medo das equipes: uma falsa largada. Resmungos e suspiros de desapontamento podiam ouvir-se no grupo de treinadores e atletas de Mayfield que perceberam o erro. A inquietude e a incerteza aumentavam à medida que a disputa chegava ao fim. A equipe estava ansiosa enquanto aguardava o pronunciamento dos juízes.

Mas a sorte estava com eles. Com oito equipes revezando-se na disputa, apenas um dos três juízes notara o deslize. Eles analisaram o desempenho da equipe e concluíram que ninguém tinha visto nada que pudesse, de forma clara, desqualificar a nadadora e conferiram a medalha de ouro a Mayfield.

"Estas são as regras na natação", explica Bredschneider. "É preciso ver com nitidez a infração. Se você não pode dizer com absoluta certeza que notou uma violação às regras, então não pode fazer nenhuma desqualificação. Foi o que aconteceu no nosso caso. A incerteza dos juízes levou-os a evitar uma desqualificação – e a uma decisão em nosso favor."

Mas a equipe de treinadores de Bredschneider, inclusive os treinadores assistentes e as nadadoras, pensava de maneira diferente – eles estavam quase certos de que houvera uma falsa largada.

Como Bredschneider disse depois: "Havia uma ponta de dúvida em nossa mente porque, quando se está num ângulo a 25 m de distância, é possível avaliar mal. Só mais tarde naquele dia, ao rememorar o episódio, é que ficou claro para mim que devíamos ter sido desqualificados".

Após a decisão oficial em favor da equipe, as Mavericks começaram a justificá-la, dizendo que fora a mão do destino a compensá-las de uma penalidade injusta aplicada a uma das nadadoras quatro anos antes.

"Era como se estivéssemos nos dirigindo para a porta com o rabo entre as pernas, prontos a ir embora contentes porque saíamos com alguma coisa", lembra Bredschneider.

Quando as nadadoras deixavam a piscina, um dos juízes sussurrou a um dos técnicos da Mayfield: "Bela trapaça, heim?"

Bernie dormiu mal aquela noite. Refletindo sobre o acontecido, concluiu que a medalha de ouro da equipe e o troféu da escola ficariam maculados para sempre. Esse desfecho não lhe agradava. Na manhã seguinte, reuniu-se com seus auxiliares e eles decidiram unanimemente devolver a medalha.

Durante o café da manhã com a equipe, Bredschneider e seus auxiliares conversaram separadamente com as quatro garotas, dizendo-lhes que, segundo eles, não havia nenhuma dúvida de que deveriam ter sido desqualificadas e sugerindo que considerassem a possibilidade de devolver a medalha. Após uma curta discussão, elas concordaram.

"Ninguém foi contra", diz Bernie, "e tenho certeza de que todos sabíamos, no fundo, que aquela era a coisa certa a fazer."

Como previsto, os juízes se recusaram a modificar sua decisão. Decidido, Bredschneider convocou uma reunião com os treinadores das equipes classificadas em segundo, terceiro e quarto lugares, comunicando-lhes que Mayfield desejava entregar a medalha de ouro à segunda colocada, que passaria a sua à terceira, ficando a quarta com a medalha de bronze.

"Houve um clima de estupefação na sala", lembra Bredschneider, "mas no fim todos concordaram. Seguimos com o restante do encontro de natação. Todas as escolas envolvidas trocaram palavras gentis e amistosas entre si e tudo acabou bem."

Nenhum prazer se compara ao de se postar no cume da Verdade.
Francis Bacon

Mas notícias do incidente logo chegaram à redação de um importante jornal local, o *Toronto Star*, que despachou um de seus repórteres esportivos para entrevistar Bredschneider e sua equipe.

"A repercussão da história foi impressionante", conta Bernie. "Por meses a fio recebi telefonemas e cartas de muitas pessoas, inclusive o ministro da Educação de Ontário, um ex-presidente da Câmara dos Comuns, o primeiro-ministro de Ontário e o presidente da Husky Canada, em Bolton."

As nadadoras receberam o reconhecimento do Comitê Olímpico Canadense e de universidades locais, sendo convidadas para discursar durante um café da manhã da Horizons for Youth. Moradores de Mayfield e cidades vizinhas também escreveram cartas e deram telefonemas. Até da distante Milwaukee chegaram congratulações de ex-alunos de Mayfield.

Bernie Bredschneider ficou assombrado ao notar o poder que um simples ato de honestidade tem de inspirar não apenas uma comunidade inteira, mas também inúmeras outras pessoas que tomaram conhecimento dele.

O persistente influxo de lições positivas e encorajamento que partia da comunidade de Mayfield e de mais além surpreendeu e inspirou profundamente todos quantos eram próximos das nadadoras da equipe de revezamento.

"O que mais me impressionou foi o grande número de pessoas que se sentiram tocadas pelo acontecimento e quiseram compartilhar sua reação conosco", diz Bernie. "Foi apenas uma questão de fazer o que sabíamos estar certo, mas parece que tomou a forma de uma rajada de ar fresco no mundo dos esportes, onde muita gente costuma esperar ver mostras de egoísmo, jogo sujo, drogas e questões de dinheiro."

> A verdade é sempre excitante. Fale, pois, a verdade. A vida é monótona sem ela.
> *Pearl Buck*

Se Bernie Bredschneider estava surpreso com a impressionante resposta àquele ato simples, as quatro garotas estavam ainda mais. "Creio que, em sua juventude e inocência, foi fácil para elas seguir os ditames do coração para fazer o que era correto e abnegado – é algo com que a maioria de nós já nasce, um sentido natural – e que as ajudou a ir tão longe em suas vidas tão jovens ainda", diz ele. "Espero sinceramente que as muitas mensagens sinceras de encorajamento que elas receberam do mundo adulto sirvam para lembrá-las o quanto é fácil encher o mundo de amor – uma lição de vida para todos nós e que me enche de esperança."

Nós não somos separados, somos todos um. Quando mentimos e achamos que ninguém notou, estamos enganando a nós mesmos. A verdade é: a verdade inspira.

Praticando a unidade recuperando nossa confiabilidade

Se não somos confiáveis, não mais somos um com a verdade porque dela nos distanciamos. Se não formos confiáveis, como poderemos inspirar ou liderar? Muito faremos para nos tornar líderes mais efetivos se respeitarmos o espírito de unidade pondo de lado a prática de sermos mentirosos. Eis aqui algumas idéias para ajudá-lo a consolidar suas intenções de cultivar maior confiabilidade – a praticar o nível de confiabilidade que você alcançou muitas vezes no passado – e a transformá-la na prática padrão ao longo de toda a sua vida:

Criando uma cultura confiável

- Não se pode formar uma equipe tendo por base o engano.
- A confiabilidade é a pedra angular da boa química com as pessoas porque gera confiança, que leva à consistência.
- A confiabilidade é um ato de amor – e ser mentiroso é o contrário.
- A confiabilidade é um valor *e* um sistema nas empresas.
- A confiabilidade exige manutenção regular.

É seguro dizer a verdade

- Não haverá nenhuma recriminação ou punição contra aqueles que dizem a verdade.
- Dizemos a verdade de modo útil e positivo. Nós nos esforçaremos para jamais ferir alguém com a verdade.
- Este é o começo do nosso compromisso de dizer a verdade uns para os outros. O que aconteceu antes é irrelevante.

Algumas perguntas para nos guiar rumo à maior confiabilidade

- Dizemos a verdade uns aos outros?
- Quais são os custos de ser mentiroso?

- É seguro dizer a verdade?
- Os outros se sentem seguros o suficiente comigo para me dizer a verdade?
- Sou verdadeiro para comigo mesmo?
- Os outros me conhecem como alguém que diz a verdade?
- Posso ser mais efetivo por dizer a verdade?
- Sou confiável para os que estão mais próximos de mim – parentes e amigos?
- Você me ama o bastante para me dizer a verdade?

CONCLUSÃO

Por que precisamos ser Confiáveis?
Porque a Confiabilidade promove o respeito
e o amor entre as pessoas.
Nós somos todos um.

REFLEXÕES PARA ESTIMULAR A CONFIABILIDADE

Descreva um dos momentos de maior Confiabilidade em sua vida – um momento em que você esteve no ponto mais alto de sua Confiabilidade:

Descreva uma situação atual em sua vida que, no fundo, você sabe que poderia ser melhorada pela prática de maior Confiabilidade. Ela já está dentro de você; portanto, de que modo você aplicaria o mesmo nível de Confiabilidade, descrito em seu próprio exemplo acima, a esta situação atual?

A verdade pousa nos lábios dos moribundos.

Matthew Arnold

9

AMOR

Defino o amor como *o ponto em que meu coração toca o seu e nos enriquece a ambos como pessoas*. Quando nos ligamos aos outros pelo coração, isso não quer dizer que sejamos fracos nem exige que ninguém se "submeta" a ninguém ou "desista" de qualquer coisa. No diálogo que brota da doçura de seu coração para a do coração do outro, só há vencedores, nunca derrotados – há apenas unidade.

Líderes conscientes, com coragem suficiente para ser humildes, compassivos e amorosos – e, por conseguinte, autênticos –, são líderes mais efetivos e mais inspiradores porque usam o coração a fim de cativar o coração de seus semelhantes. Há profunda sabedoria e força no ato de abrir o coração e usá-lo para estabelecer relações com os outros. Esses são relacionamentos que inspiram, porque acontecem de coração para coração e nos fazem sentir que somos todos um.

Considerando que a maior necessidade humana é amar e ser amado, é desconcertante que tantos líderes tenham perdido sua ligação com o mito, o mistério e a magia, e, portanto, com o próprio coração. Redescobrir o amor pode inspirá-los e a outros.

A psicopatologia das empresas

Há vinte anos, o diretor da maior instituição psiquiátrica do país chocou-me ao dizer que 30% dos líderes empresariais, se submetidos a exames clínicos, seriam considerados sociopatas. Isso me induziu a buscar mais informações e acabei deparando com a obra de Paul Babiak, psicólogo especializado em problemas empresariais, e de Robert D. Hare, doutor emérito em psicologia na Universidade de British Columbia. Sua definição do psicopata inclui os seguintes critérios:

1. Parece delicado, educado, encantador.
2. Encaminha todas as conversas para uma discussão a seu próprio respeito.
3. Desacredita ou humilha os outros a fim de construir sua própria imagem e reputação.
4. Mente para colegas, consumidores ou sócios com a cara mais deslavada.
5. Reputa ignorantes ou tolas as pessoas a quem ludibriou ou manipulou.
6. É oportunista; detesta perder e sempre joga sujo para ganhar.
7. É frio e calculista.
8. Age de maneira imoral e desonesta.
9. Teceu uma rede de poder na organização e a usa em proveito pessoal.
10. Não mostra nenhum arrependimento por tomar decisões que afetam negativamente a companhia, os acionistas ou os empregados.

Este, algumas vezes, pode ser o resumo do caráter (ou da falta dele) de um pequeno número de executivos ou um perfil do comportamento de certas organizações, porque, de muitas formas, são comportamentos tão admirados e recompensados no modo de pensar separativo.

A contagem média baseada na versão ampliada do perfil do Dr. Hare, quando aplicada a prisioneiros condenados na América do Norte, é de 23,3 em 40 possíveis. Um número em torno de 20 os qualifica como "psicopatas moderados". Felizmente para a maioria de nós, apenas 1% da população total chegaria a 30 ou mais, o que significa "psicopatas graves" – limite que caracteriza os agressores mais violentos.

Todavia, mais intrigante ainda é a noção de que uma empresa existe para ser sociopata. A lista acima poderia muito bem passar por um substituto do perfil de certas organizações quando buscam seus próprios interesses egoístas de modo truculento – os valores das ações, por exemplo – sem considerar os prejuízos causados aos outros pela mentalidade de separatividade, tais como danos ambientais ou insegurança no emprego, ou os riscos à saúde e à segurança dos consumidores. Uma organização tem licença legal para auferir lucros e esse compromisso pode às vezes significar o sacrifício do bem público. Empresas de capital aberto foram mesmo processadas porque, na opinião de alguns acionistas, em vez de maximizar os lucros, priorizaram outros fins, tais como a proteção do meio ambiente, penalizando assim, a curto prazo, o balanço. Um enfoque paranóico e obsessivo, algumas vezes, pode favorecer nas pessoas atitudes que elas jamais teriam em seus lares ou diante da família. Nos termos da lista acima, de que modo você classifica sua empresa?

Não tenciono, é claro, insinuar que todas as organizações ou seus líderes são psicopatas. Mas, quando os comportamentos da lista são admirados e incentivados nas empresas, uns poucos podem mudar – e até espoliar – o mundo do trabalho de muitos. Com efeito, nossa mídia, sistemas de compensação, políticas de recursos humanos, educação empresarial, aperfeiçoamento de liderança e programas de incentivo à carreira apóiam e encorajam a tendência à psicopatia na moderna vida empresarial – é a metástase da separatividade.

A pesquisa do Dr. Babiak começou quase por acaso. Ele fora convidado a prestar serviços de consultoria a uma grande firma do Colorado. Sua tarefa consistia em avaliar uma equipe administrativa que não estava rendendo o suficiente. Um novo membro fora admitido. O moral andava baixo, o conflito se agravava.

Inicialmente, Babiak ficou encantado com o rapaz de fala rápida que estava no centro do problema.

Diz Babiak: "Ele parecia sincero e modesto. Só percebi que alguma coisa estranha estava acontecendo quando examinei os resultados da avaliação e encontrei uma grande discrepância. Muitas pessoas gostavam dele de verdade e isso incluía algumas do mais alto escalão, devo confessar. Outras realmente o desprezavam, achando que ele era perverso. Uma se referiu a ele como uma 'serpente'. Foi apenas mais tarde, de fato, depois que a avaliação terminou e consultei Bob Hare, que a luz se fez. Bob me mandara a PCL-R, ou Psychopathy Checklist (Lista de Psicopatia), que desenvolvera quando estudou psicopatas presos.

"O rapaz estava no alto da lista, em termos de enganação e manipulação; no meio, em termos de comportamento anti-social. Assim, ele era capaz de esconder suas manipulações dos que o cercavam, mas exercia uma influência indevida, negativa, sobre o grupo."

Ouvimos falar muito, hoje em dia, que os líderes empenhados em promover mudanças radicais têm de devorar para não serem devorados, pois "só os paranóicos sobrevivem". Este, acredita Babiak, é o terreno perfeito para quem tem tendências psicopatas.

"O psicopata não vê dificuldade nenhuma em lidar com as conseqüências da mudança rápida; na verdade, gosta disso", afirma Babiak. "O caos empresarial proporciona tanto o estímulo necessário à busca de emoção do psicopata quanto a cobertura de que ele se vale para manipular e abusar."

Segundo outro estudo, feito pelas psicólogas pesquisadoras Belinda Board e Katarina Fritzon, da Universidade de Surrey, os executivos que elas entrevistaram e compararam com criminosos e pacientes psiquiátricos tinham ainda mais probabilidade de ser superficialmente encantadores, egoístas, hipócritas e manipuladores, tanto quanto afetados, exploradores e destituídos de empatia.

Com base nessa pesquisa, Board e Fritzon classificaram os homens de negócios que estudaram como "psicopatas bem-sucedidos" e os criminosos, como "psicopatas mal-sucedidos" – distinguindo-se os últimos, sobretudo, por sua tendência a serem mais impulsivos e fisicamente violentos.

As origens de uma visão não-amorosa

Em meu trabalho, com freqüência conheço homens (e às vezes mulheres também) que me dizem que seus pais e mães, sobretudo os pais, nunca lhes disseram que os amam. Acham difícil dizer aos filhos: "Amo você". Lamentavelmente, muitos deles vão para o túmulo sem jamais pronunciar essas palavras. Têm medo demais de fazê-lo – medo de mostrar sua vulnerabilidade ou abrir seu coração devido ao condicionamento que tiveram durante seus primeiros anos com a família. Vivendo em tais situações, ávidos de amor e aceitação sem nunca recebê-los, muitos se esforçam para ganhar esse afeto por meio de realizações – pequenas tarefas domésticas, música, artes, ginástica ou proficiência escolar –, como um cãozinho que apanha uma vareta para ganhar um afago. Muitos descobriram que este método para obter aceitação foi o único que funcionou para eles. Assim, cria-se um padrão para a vida inteira.

Vezes sem conta ouço a mesma história: "Meu pai nunca disse que me amava". Essa dor é uma chaga na alma, um vazio que muitos líderes tentam preencher com realizações empresariais. Vinte anos depois, esses meninos, agora homens, praticam o mesmo sistema – o único que conheceram, o único que eles descobriram ser efetivo. Inconscientemente, estes líderes oferecem um quadro e um ambiente cultural que repetem e que aprofunda suas disfunções de infância. Em vez de estimularem os outros à grandeza, criam equipes, organizações e países tão disfuncionais quanto eles próprios.

O amor é a difícil constatação de que algo além de nós mesmos é real.
Iris Murdoch

Há aqui uma oportunidade para se transcender esse sofrimento, de usar a experiência como um caminho para crescer, em lugar de um padrão a ser repetido. A história se repete porque ninguém ouve na primeira vez. Maya Angelou disse: "A história, a despeito de suas dores violentas, não pode ser 'desvivida'; mas, se encarada com coragem, não precisa ser vivida de novo". Se pudermos amadurecer assim, poderemos mudar, então, de um estilo de liderança baseado no medo para outro que provenha do coração. Então, paradoxalmente, receberemos quantidades indizíveis de amor.

Em seu livro *Sweating From Your Eyes: Emotional Fitness for Men* (Fresh Wind Press, 2005), Dave Loney escreve que nunca soube quanto seu pai de 70 anos o amava até o dia em que, estando ambos a cortar lenha numa mata, Dave foi golpeado na cabeça e no ombro por um grande galho que se soltara e caíra de uma árvore seca.

"Meio inconsciente", narra Loney, "ouvi meu pai correndo em minha direção. 'David! Meu David! Ah, Deus! Meu David!'

"Eu queria ficar lá estirado, fingindo um desmaio, para ouvi-lo gemer, ouvindo suas palavras me falando de seu amor. Foi um momento de cura... Felizmente, tudo não passou de um susto... Às vezes, precisamos apenas ser golpeados por uma árvore."

Embora as cicatrizes do difícil relacionamento com o pai tardassem a desaparecer, Dave resolveu transformar suas penosas experiências e criar seus próprios filhos num ambiente de amor e honra incondicionais. Ele e sua dedicadíssima esposa tiveram três filhos que se tornaram membros saudáveis, produtivos e emocionalmente equilibrados da comunidade, que nunca vão precisar esperar que uma árvore caia sobre eles para ouvir e entender o quanto seus pais os amam.

É preciso ter coragem para dizer às pessoas que as amamos e para sermos, nós mesmos, pessoas amorosas – muito mais coragem do que a necessária para intimidar, ameaçar e liderar com violência.

Tornando-se um líder amoroso e consciente

Vivemos numa sociedade que adotou o medo como um meio de coagir os outros a cumprirem suas ordens. No marketing, na liderança, no treinamento, na política, na educação, na saúde, na família e na religião, o medo é o sistema operacional básico. De muitos modos, aprendemos a confiar no castigo e a esquecer as recompensas. Temos escolhas quanto à forma de agir e de encorajar os outros. Podemos agir por termos medo de não fazer nada ou porque amamos fazê-lo – a escolha entre medo (separatividade) e amor (unidade).

As duas palavras que assustam as pessoas mais do que quaisquer outras são *alma* e *amor*. Muitas pessoas, inclusive líderes, ficam com medo e constrangidas quando precisam incluí-las em seu vocabulário, porque cresceram ouvindo uma mensagem interior que dá um sinal de alerta tão logo elas têm essa necessidade: "Se eu exprimir amor ou falar a respeito da alma, todos pensarão que sou alguém fraco, de pouca confiança, incapaz de tomar decisões, sem objetivo ou energia".

> A bondade humana jamais enfraqueceu a resistência ou amoleceu a fibra de pessoas livres. Uma nação não precisa ser cruel para ser resistente.
> *Franklin D. Roosevelt*

Ora, esse tipo de pensamento baseia-se na pressuposição equivocada de que a coragem e a força se encontram na agressão (separatividade) e de que a bondade (unidade) reflete a fraqueza. Os líderes para quem a agressão é a melhor abordagem em quaisquer circunstâncias são, por definição, covardes. Como dizem os iroqueses, "A maior força é a delicadeza".

Há um incentivo cultural para o nosso comportamento também. Em seu livro *The Geography of Thought: How Westerners and Asians Think Differently and Why* (Free Press, 2004), Richard E. Nisbett observa que a mente ocidental ocupa-se mais dos indivíduos e de suas características – a separatividade –, enquanto a oriental tem seu foco preferencial nos relacionamentos (potencialmente harmoniosos) entre os indivíduos – a unidade. Isso talvez explique o interesse cada vez maior pela filosofia oriental entre os líderes do Ocidente.

Robert Stiller, CEO da Green Mountain Coffee Roasters, conta-se entre os muitos líderes que reconheceram os benefícios da meditação. Os empregados que trabalham em Waterbury, Vermont, gostam muito do espaço à prova de som da sede da companhia, onde fazem exercícios orientados de relaxamento, visualização e respiração. Stiller medita desde os anos 1970 e acredita que seus quatrocentos funcionários serão mais efetivos se, às vezes, não fizerem nada.

"As melhores idéias costumam nos ocorrer quando estamos em estado de descontração, como no chuveiro", diz Stiller. "A meditação abre espaço para que isso aconteça."

Os empregados relatam que assim se sentem mais vigorosos e concentrados – e presumivelmente são capazes de mesclar abordagens orientais e ocidentais diante de um copo de café javanês, quando necessário!

O que há de estimulante na meditação é que, mesmo quando nos fechamos, não podemos mais fazê-lo de modo inconsciente. Vemos claramente que estamos fechados. Isso, por si só, começa a iluminar a treva da ignorância.

Pema Chodron

O poder que tem o amor de banir o ego e o julgamento

Paula Rosario é uma executiva de marketing que tem uma empresa internacional de pesquisa e promoção em Nova York. Uma líder servidora de coração, ela desenvolveu um interesse por técnicas de treinamento, aplicou essas técnicas e sua paixão para inspirar os membros de sua equipe, focalizando temas como comunicação, liderança e auto-administração. Logo descobriu que o ego pode ficar no caminho da comunicação coração a coração quando nos permitimos julgar os semelhantes – em outras palavras, quando não os amamos.

Paula descobriu que uma integrante de seu pessoal era um sério desafio para se trabalhar em razão do nível de ego que ela encontrou. Paula não aprovava os valores ou as opiniões da outra e ficava desapontada por não ser capaz de gostar dela. Sabia, entretanto, que jamais seria uma líder e orientadora efetiva a menos que pudesse, com sucesso, ver além da personalidade e se comunicar com aquela pessoa num nível mais profundo.

Tudo o que nos irrita em nossos semelhantes pode nos levar a um entendimento melhor de nós mesmos.

Carl Jung

Paula decidiu que durante a próxima sessão de treinamento calaria as vozes de seu próprio ego e tentaria se aproximar da nova colega no nível do coração.

> Se você julgar as pessoas, não terá tempo de amá-las.
> *Madre Teresa*

"Eu sabia que, bem no fundo, as pessoas são mais parecidas do que diferentes", diz Paula, "e fiz um esforço consciente para encontrar esse ponto de unidade em nosso relacionamento."

Foi então que a transformação aconteceu. A tensão invisível entre ambas pareceu se evaporar, voltando apenas ocasionalmente, quando as idéias de Paula se fixavam em julgamentos, em lugar de compreensão e compaixão. Era uma dança – quando Paula se movia para a frente com julgamento, o novo membro da equipe recuava; quando Paula a abordava com boa vontade, ela dava um passo à frente.

Com isso Paula percebeu que precisava pôr de lado seus preconceitos contra a colega e interagir com ela a partir de um ponto amoroso, não julgador. Ela devia, por assim dizer, colocar-se no lugar da outra.

"Quando fiz isso", lembra Paula, "minha compaixão por ela aumentou imensamente, e eu fui capaz de dar sugestões de comportamento e ações alternativas de um modo compassivo."

Paula resolveu ainda incluir o novo membro da equipe nos planos para o departamento. Compartilhando suas idéias e visões de projetos com ela, as portas da comunicação criativa começaram a se abrir e a mulher tornou-se mais receptiva a Paula e às opiniões dos outros. Agora, as possibilidades eram realidades. A comunicação aperfeiçoada gerou confiança e a confiança começou a gerar respeito.

Logo, a nova colega passou a se mostrar mais positiva em suas expressões e confessou francamente a Paula que estava fazendo progressos também em sua vida pessoal.

À medida que Paula observava a colega se tornar mais envolvida e comprometida com o trabalho, ela mesma experimentou uma cura profunda que carrega consigo até hoje. Isso é um lembrete para ela de que quando nos relacionamos com os outros de uma maneira amorosa, a partir do coração, isso nos ajuda a reconhecer a unidade acima da separatividade e pomos de lado toda e qualquer diferença exterior – elas se tornam simplesmente irrelevantes – e nosso coração pode se abrir.

Todos nós podemos aprender com a experiência de Paula. Não é preciso gostar de uma pessoa para amá-la, mas, como líderes conscientes, devemos nos esforçar para ver a essência sagrada dos outros – aquela essência que nos inspira a olhar para além da personalidade e do ego – além do arquétipo do líder-guerreiro ou ameaçador, e para o interior da alma da pessoa. Quando fazemos isso, nosso objetivo natural é aumentar seu bem-estar. Queremos ajudar e servir às pessoas de todas as maneiras que pudermos.

Depois do verbo amar, o verbo ajudar é o mais belo do mundo.
Bertha von Suttner

Multitarefa e declínio do brilho

A despeito de todos os seus benefícios descritos anteriormente, a tecnologia pode às vezes transformar-se num véu que nos separa da intimidade, forçando-nos a ser escravos da tecnologia em si, em lugar de seu propósito mais valioso – a criação da unidade. A preocupação com a tecnologia pode nos levar a nos esquecer de respeitar os outros – em outras palavras, de mostrar nosso amor por eles –, estando verdadeiramente presentes junto deles. Se fizermos uma barganha faustiana com a tecnologia, permitindo que nossa vida fique atulhada de necessidades superficiais, vamos comprimir o pouco tempo de folga de nossos dias e perder a chance de ouvir nossa alma e a alma dos outros. Perderemos a preciosa oportunidade de ficar com eles de uma maneira amorosa.

Não se pode ouvir verdadeiramente uma pessoa e fazer outra coisa ao mesmo tempo.
M. Scott Peck

Quando nos empenhamos demais em resolver os problemas pequenos, mundanos, e nos preocupamos com a lista enorme de coisas para fazer, ignoramos a chance de ser um com os outros, de fazer as perguntas de fato importantes que conduzem à intimidade. No processo, descobrimo-nos arrastando nossa mente cansada para o trabalho ou para a escola ou para nossos papéis familiares, deixando para trás o coração. Sentimo-nos exaustos, sem mais energia para a essência mais profunda da vida, e esse é um local vazio, escuro, de onde não podemos tirar amor para os outros e para o mundo, ou para travar relacionamentos íntimos – o maior anseio da alma.

Se verdadeiramente quisermos passar do cansaço à inspiração, será preciso coragem, energia, criatividade e muitas fontes de informação. A muito louvada prática da multitarefa, por exemplo, bloqueia a inspira-

> Se você observar um homem verdadeiramente feliz, você o encontrará construindo um barco, compondo uma sinfonia, educando seu filho, plantando dálias ou procurando ovos de dinossauro no deserto de Gobi. Ele não estará procurando a felicidade como se fosse um botão de colarinho que rolou para baixo do radiador, fazendo disso um fim em si mesmo. Ele terá se tornado consciente de que é feliz vivendo plenamente as 24 horas do dia.
> *W. Beran Wolfe*

ção e conduz à mediocridade. Tente conversar com alguém que ao mesmo tempo esteja respondendo a suas mensagens eletrônicas e compreenderá o que quero dizer. Fazer muitas coisas ao mesmo tempo significa fazer muitas coisas malfeitas. A multitarefa pode contribuir significativamente para o declínio da inspiração e da capacidade de amar os outros, porque cria separatividade e impede a profundidade, a excelência e a intimidade. Podemos também baixar nossas mensagens enquanto ouvimos um concerto (o que eu já testemunhei) ou enquanto fazemos amor (coisa que nunca vi!).

Prevalece em muitas empresas o que alguns chamam de "sobrecarga": dar às pessoas mais trabalho do que podem fazer, acreditando de forma equivocada que sujeitá-las a essa pressão adicional irá trazer à tona o melhor delas. Isso cria as condições de uma panela de pressão que pode, de modo inevitável, levar à multitarefa (tanto para fazer, tão pouco tempo) e, por conseqüência, a um trabalho inferior e à falta de significado e de realização pessoal.

A maestria é uma expressão do amor e da paixão que sentimos por uma atividade – o grau em que somos um com ela. Se quisermos alcançar a maestria em alguma coisa – e, assim, ficar inspirados por nossa contribuição –, precisamos direcionar nossa presença total e amorosa para uma atividade de cada vez, a fim de realizá-la brilhantemente, ao invés de fazer muitas coisas de maneira apenas adequada. Em se tratando de pessoas, obtemos resultados melhores quando empregamos nossos recursos e talentos para diminuir o ritmo, criar empatia e prestar serviço aos outros – dando-lhes aquela dádiva rara: nossa atenção plena e amorosa.

A coisa mais bela na inspiração é que ela pode florescer naturalmente em quase todos os aspectos de nosso mundo, inclusive na liderança empresarial, no governo, na educação, na religião, na mídia, na saúde e nas comunicações, bem como nos espaços da alma que constituem nossa vida diária. Isso porque a inspiração provém daquele centro sagrado que está dentro de todos nós: o espírito amoroso. Nós todos ansiamos amar, não apenas as pessoas com quem estamos, mas também aquilo que fazemos.

A coragem de amar

É preciso coragem, força e compromisso para travar e sustentar relacionamentos baseados no amor e, portanto, inspiração. Gandhi disse: "O amor é o apanágio dos bravos". É necessário coragem para dizer a seus colegas o quanto você aprecia seu trabalho, quanto você gosta de fazer parte de uma equipe ou organização particular. E, não obstante, essas são coisas que inspiram as pessoas. Precisamos de amor em cada esfera de nossa vida, não apenas a pessoal, mas a do trabalho também. Somos seres integrais. Somos humanos, não trabalhadores ou funções que deixam em casa sua necessidade de amor e vão para o trabalho – somos um.

O medo é o contrário psicológico, emocional e espiritual do amor. Ninguém é inspirado pelo medo. As pessoas podem ser motivadas pelo medo, mas nunca serão inspiradas por ele. *Tudo* o que nos inspira brota do amor, sem exceção. Na verdade, nada há em nossa vida de que tiremos inspiração que não nos dê também amor. Se um pôr-do-sol o inspira, é porque você ama o pôr-do-sol, tem um sentimento de unidade com o mito, o mistério e a magia do pôr-do-sol. Se uma pessoa o inspira, é porque você a ama, sente-se um com ela. O amor é o lugar que dá origem à inspiração.

Há algum tempo, celebrávamos o aniversário de dois anos de trabalho para uma grande empresa. Durante a cerimônia, que contou com centenas de convidados, o CEO da companhia juntou-se a mim no palco. À guisa de gesto simbólico para demonstrar que ia encerrar meu longo envolvimento com eles – que sua empresa já estava pronta para continuar o trabalho por conta própria e que nosso trabalho se tornara o trabalho dela e que ela não precisava mais contar com nossa orientação –, eu estava na iminência de passar-lhe uma grande vela acesa, como se passasse a tocha. Quando me aproximei do CEO, a quem chegara a conhecer muito bem durante nosso estreito convívio profissional, disse-lhe: "Joe, eu te amo".

> Amar e ser amado
> é sentir o sol de
> ambos os lados.
> *David Viscott*

Ao dizer essas palavras, percebi que algumas pessoas na platéia seguraram o fôlego – umas poucas pelo choque de ouvir semelhante declaração feita em público, outras pela inocência do momento. Era uma ocorrência rara em nossa cultura: dois homens postados num palco dizendo que se amavam e sendo sinceros. E só uns poucos acharam aquilo estranho de se fazer; inusitado, sim, mas não havia nada de absurdo. Se quisermos inspirar as pessoas verdadeiramente, temos de lhes comunicar o amor que sentimos por elas.

Aquele CEO sabia que eu o amava. Nem teria precisado dizer-lhe. Mas achei que ele se sentiria mais forte se ouvisse a declaração de meus próprios lábios e soubesse que tínhamos esta relação sagrada um com o outro, e isso definitivamente me fortaleceu muito. Hoje ele é CEO de uma companhia três vezes maior, mas continuamos amigos íntimos – nós amamos um ao outro e temos coragem de dizê-lo. O amor inspira a todos que estão ligados a ele.

Às vezes, é útil olhar para uma determinada situação e aprender a perguntar:

- O que eu mais gosto nesta situação?
- Como posso ser mais amoroso nesta situação?
- O que uma pessoa com um coração amoroso faria agora mesmo?

O poder de um gesto de amor

De fato, o amor pode ser expresso até nas interações mais corriqueiras. Imagine que está sentado num restaurante e o garçom se aproxima de você com esta saudação: "A finalidade deste estabelecimento é inspirá-lo. Queremos que o senhor saia daqui mais feliz e inspirado do que quando chegou. Por favor, preencha este formulário indicando seu nível atual de inspiração – nosso objetivo será fazer de tudo o que pudermos para aumentar sua marca pessoal em dois pontos. Como posso transformar a experiência do jantar desta noite numa ocasião inspiradora para o senhor?"

Que mudança profunda você poderá notar em seu humor, em seus pensamentos e em seu espírito – e a gorjeta pode crescer também! Imagine o que poderíamos alcançar se repetíssemos esse comportamento em cada um de nossos locais de trabalho, igrejas, escolas, hospitais ou lares. Abordar os outros com um coração amoroso talvez seja o ato singular mais poderoso que podemos fazer para construir relacionamentos inspiradores entre políticos e seus eleitores, professores e alunos, fornecedores e consumidores, sacerdotes e fiéis, líderes e seguidores, treinadores e clientes, maridos e mulheres ou pais e filhos.

O amor inspira: uma história a bordo de um avião

Scott Simmie, repórter do jornal *Toronto Star*, estava no vôo 792 da Air Canada, indo de Los Angeles para Toronto, quando viu as aeromoças passarem apressadas pelo corredor, abrindo rapidamente os porta-bagagens acima das poltronas e examinando atentamente seu interior. Alguma coisa estava errada. Minutos depois, pelo alto-falante, Scott soube o que acontecia. A aeromoça que pouco antes servira as bebidas fazia um apelo pessoal aos passageiros, informando que a bolsa contendo o dinheiro coletado pelo serviço havia desaparecido.

"Se puderem olhar à volta de suas poltronas, ficarei realmente muito grata", disse ela. "Sou mãe solteira e responsável por esse dinheiro."

Os passageiros pararam de ver o filme e começaram a procurar pelo chão e em redor dos assentos a bolsa desaparecida. Como ninguém a encontrou, um jovem casal da fileira 16 resolveu entrar em ação: propôs uma coleta para arrecadar o valor perdido, que era de duzentos dólares.

"Ah, por favor, não", balbuciou a aeromoça, quase em lágrimas. "Isso é maravilhoso de sua parte, mas não devo... vocês não devem..."

O casal da fileira 16, porém, ignorou sua hesitação.

"Ei, pessoal!", gritaram os jovens para todos ouvirem. "A aeromoça não achou o dinheiro e queremos fazer uma coleta. Se puderem contribuir com alguma coisa, será ótimo!"

Os outros passageiros não tardaram a responder, passando cédulas de cinco, dez e até vinte dólares, corredor afora, até os jovens que haviam proposto a coleta, os quais, logo depois, entregaram à aeromoça um maço de notas.

"Se houver algum excedente, doe-o à sua obra de caridade favorita", disseram-lhe.

Quase a chorar e cheia de gratidão pela gentileza de que fora alvo, a moça apanhou o microfone para agradecer aos passageiros.

"Como estou à beira das lágrimas", disse, com a voz embargada, "não conseguirei expressar minha gratidão por sua bondade. Gostaria de dar a cada um meu muito obrigada. É impressionante encontrar tanta solidariedade em meio a tanta gente. Estou profundamente tocada pelo que aconteceu."

Fez uma pausa e concluiu: "Tudo de bom para todos vocês, sempre".

Um vôo comum com uma lição extraordinária que comoveu o coração de muitos, inclusive do piloto, que aplaudiu o ato notavelmente espontâneo de bondade dos passageiros. Este comportamento tornou esse vôo inesquecível para todos e é possível que tenha ministrado uma grande lição até mesmo para o indivíduo que levou o dinheiro. Ninguém sabe para onde foi esse dinheiro, mas é provável que a impressionante demonstração de boa vontade de todos que estavam a bordo tenha abrandado o coração do culpado. Como Scott Simmie escreveu mais tarde, aquele vôo "trouxe à tona o pior de alguém... e o melhor dos demais".

O amor tem uma capacidade infinita e crescente de inspirar, como visto pela amorosa iniciativa do jovem casal da fileira 16, que ficou tocado para ajudar uma mãe solteira que acabara de perder 200 dólares. Embora não conhecessem a moça, eles se ligaram pelo coração não apenas a ela, mas também aos outros passageiros do vôo. Foram o amor e a compaixão – o senso de unidade – que os inspiraram a tomar a iniciativa de pedir aos demais que contribuíssem, e foi o amor que suscitou a vigorosa resposta de solidariedade e generosidade de todos. Ele estimulou Scott Simmie, que registrou o fato num artigo para o *Toronto Star*, para que milhares de leitores também pudessem ser inspirados. E foi ainda o amor que induziu as pessoas a mostrarem a história em *blogs* e em quadros de aviso lidos pelas tripulações de avião na Internet. No dia em que o artigo apareceu no *site* do *Star*, foi o mais divulgado de todos por e-mail. Se você e outros que estão lendo este livro se sentirem inspirados pela história, a onda de inspiração nascida daquela viagem pelos céus talvez ainda chegue aos confins da Terra.[13]

Seja simples – ame seus semelhantes e diga a verdade

Às vezes, complicamos demais as coisas. Hoje em dia, muitos livros tentam nos orientar rumo ao sentido, à realização, à inspiração. Há séculos, a Bíblia, o Alcorão, os sutras budistas, o Tao Te Ching, o Bhaga-

13. "On Flight 792, a miracle at 35,000 feet", *Toronto Star*, 8 de outubro de 2004.

vad Gita, a Torá e o I Ching contam a mesma história: somos um – *ame os outros*.

A inspiração começa pelo amor pelos outros – não por si mesmo. Já ouvimos o clichê "ame-se primeiro" vezes sem conta. Isso parece bem típico de nossa era narcisista. É difícil imaginar qualquer grande mestre da história dizer: "Primeiro, tenho de amar a mim mesmo". O amor nada tem a ver com a própria pessoa ou com seu ego. Amar ao próximo não depende de que primeiro amemos a nós mesmos. De fato, é o contrário. Veremos um no amor que sentimos por nós, e no amor recebido dos outros, quando amarmos e servirmos melhor aos outros.

Muitos especialistas nos venderam a idéia de nos amarmos primeiro e fazemos terapia há 30 anos na tentativa de entendê-la. Mas este pode não ser o melhor caminho para a felicidade, sem falar na iluminação. *O amor não diz respeito a você* – diz respeito ao próximo. "Amar" é um verbo – é a ação espontânea da fileira 16, na qual dois corações se encheram de amor pelo outro e agiram a partir do que o amor lhes ditava. Não estou insinuando que precisamos sacrificar todas as nossas necessidades para amar em nossos esforços para amar e servir aos outros – só que ganharemos o sentido, a auto-estima e o amor pelos quais ansiamos se, primeiro, o dermos aos outros – que, quase sempre, se sentirão inspirados a retribuir. E se não o fizerem – conforme já mencionei antes, 2% dos casos –, podemos filosofar a respeito da situação, aceitando-a como parte da vida, como o mestre zen que deu suas roupas, em vez de conduzir nossas vidas com base em exceções.

Amar os outros não é um programa – é um modo de vida

Aprendemos a amar os outros *amando-os*. A Vancity é uma empresa muitíssimo bem-sucedida, tendo criado uma categoria única – uma entidade ímpar, que é mais do que um banco e mais do que único em sua categoria, uma entidade que é bem mais que um banco e bem mais que uma poupança (legalmente, ela é uma cooperativa).

A Vancity descreve a si mesma como tendo uma mão na terra e outra nas estrelas – tendo raízes, mas pronta a voar. É um conceito que dá unidade às seis décadas de história da Vancity (raízes) e a seu futuro (alçando vôo) numa declaração sucinta de quem ela é: segura, enraizada e solidária, tanto quanto sonhadora, visionária e ousada.

A organização, propriedade de correntistas e outros clientes, é um banco que adota um conjunto único de crenças:

Acreditamos na bondade essencial das pessoas.
Acreditamos que os sonhadores são únicos como seus sonhos.
Acreditamos que, para alcançar as alturas, é preciso cavar mais fundo.
Acreditamos que o equilíbrio, em todas as coisas, é a verdadeira medida da prosperidade.
Onde quer que você esteja,
O que quer que seja,
Acreditamos que você pode.

A Vancity acredita que, quando "aquilo que somos se encontra com aquilo em que acreditamos, as coisas crescem", pois este é o resultado natural de uma empresa que tem raízes e quer voar, que acredita que tudo é possível. O objetivo principal da Vancity, em todos os departamentos, filiais e níveis, é desenvolver coisas: pessoas, idéias, esperança, dinheiro, bairros e os sonhos de seus membros – tudo com base na filosofia da unidade.

Sonhar, alçar-se para as estrelas, procurar o bem das pessoas – para alguns, isso pode parecer terrivelmente ingênuo. Mas vejam os números: a Vancity é a maior empresa de crédito do Canadá, com fundos de 10,5 bilhões de dólares, mais de 300 mil membros, 2.000 funcionários e 42 filiais na Grande Vancouver, no Fraser Valley e em Victoria, na British Columbia, no Canadá. Em 2004, ela doou 13,5 milhões de dólares a organizações e membros da comunidade local – ou seja, 30% de seus lucros, por mais incrível que pareça. Os oito maiores bancos do país doaram apenas 1% do que ganharam.

Muitas companhias falam da importância de seu pessoal, mas pouquíssimas vivem essas idéias. Na Vancity, os empregados têm três semanas de férias no primeiro ano e a opção de trocar benefícios não-usados por mais dias de descanso, bem como empréstimos com juros baixos, hipotecas, linhas de crédito, subsídios educativos e ajuda de custo em passagens pelo sistema de rede ferroviária de Vancouver. A sede, localizada no alto de uma estação de trens, proporciona salas de meditação, áreas privativas para mães que amamentam, uma biblioteca gerenciada pelos empregados e estacionamento subsidiado para funcionários que dão carona a colegas de trabalho. A companhia se responsabiliza pelo custo total de um plano de benefícios flexível. Os bônus são calculados como percentagem dos lucros da Vancity. Mike Harris, de 27 anos, encarregado de receber e encaminhar as pessoas que chegam à agência, recebeu um bônus de 16% sobre seu salário, o suficiente para saldar metade da prestação de sua nova casa. Em 2003, a Vancity recebeu mais de 12 mil currículos de pessoas que queriam trabalhar ali e, em 2005, a revista *Maclean's* a elegeu o Melhor Local para se Trabalhar do Canadá.

A verdade essencial para todos nós é que somos mais felizes quando somos amados. Muitos líderes tradicionais darão de ombros, mas hoje as pessoas estão em busca da oportunidade de serem amadas e de amar – *no trabalho*. E os líderes conscientes, que não dão de ombros, como Dave Mowat, o CEO da Vancity, conseguem tocar nessa realidade e fazer seu negócio se desenvolver.

"Em última análise", diz Mowat, "se você pensar que 'gente feliz' é coisa espalhafatosa e sentimental demais, você pode traçar uma relação direta com o sucesso financeiro de sua empresa. É fato comprovado que quanto mais elevado for o moral de uma organização mais lucros ela proporcionará. Quando as pessoas se empenham, geram confiança porque estão felizes. E prestam serviços melhores porque ficam mais interessadas."

Mowat é um líder incomum. Ele *ama* as pessoas. Ele escuta para *ouvir* e escuta para ter certeza de que as pessoas se sentem amadas e ouvidas. Ele escuta para agir com base no que ouviu. Logo depois de se tornar CEO da Vancity, ele iniciou um processo exigindo que todos os executivos de primeiro escalão da empresa visitem as agências locais e o escritório central a cada trimestre para escutar assim como ele o faz. É assim que ele produz uma cultura consistente na empresa. Adapta as normas às necessidades dos funcionários e valoriza o fracasso quando ele é parte do aprendizado. Ri de si mesmo, não é orgulhoso nem petulante, e é humilde, vulnerável e corajoso. Usa seu amor pelas pessoas, por seu trabalho, pela família e pela comunidade aberta-

> Eu preferiria ser
> um "poderia ser"
> se eu não puder ser
> um "sou",
>
> Porque um
> "poderia ser"
> é um "talvez" que
> busca uma estrela.
>
> Preferiria ser um
> "foi" a um "poderia
> ter sido". De longe;
>
> Porque um
> "poderia ter sido"
> nunca "foi",
> mas um "foi" um
> dia foi um "sou".
>
> *Milton Berle*

Ouça. Não dê opinião enquanto ouve porque, francamente, sua opinião não importa muito fora de Seu Universo. Ouça simplesmente. Ouça até que o cérebro deles esteja torcido como uma toalha molhada e que aquilo que eles tinham a dizer esteja esparramado pelo chão.
Hugh Elliott, weblog Standing Room Only, 14-2-2003

mente sem apologia. Vê todas as partes e todas as pessoas em sua vida como uma coisa só – e ama a todos e a tudo.

O Downtown Eastside é um dos bairros mais antigos de Vancouver, no Canadá, e o coração histórico da cidade. Trata-se de uma comunidade rica em história, arquitetura e diversidade étnica. Em anos recentes, enfrentou muitos dos modernos desafios com que se defrontam bairros de grandes cidades, tais como drogas, AIDS, prostituição, crime, falta de moradia adequada, alta taxa de desemprego e a falência de muitas empresas.

Ante a ameaça de fechamento da Vancouver's Four Corners Community Savings no início de 2004 – que deixaria cerca de 3 mil moradores sem acesso a serviços bancários –, Mowat vislumbrou a oportunidade de recorrer à infra-estrutura financeira e técnica da Vancity para prestar, com lucro, esses serviços por meio de uma organização híbrida única. Sentia-se responsável pela prática do compromisso da Vancity com a justiça social e a concessão de crédito – vendo a comunidade inteira como uma coisa só –, resolvendo assegurar aos residentes do famoso Downtown Eastside acesso permanente aos serviços bancários de que necessitavam. Muitos residentes da área, muitas vezes chamada de "código postal mais pobre" da nação, são moradores de rua, doentes ou pessoas envolvidas com drogas, prostituição e crime.

A Vancity se empenhou numa nova iniciativa com a PHS Community Services Society (Portland Hotel Society), antiga organização sem fins lucrativos do bairro, para criar a Pigeon Park Savings. A Vancity encarregou o famoso arquiteto Arthur Erickson de projetar o prédio. Quando a Pigeon Park Savings abriu as portas, as exigências normais de identificação foram postas de lado e novos processos se desenvolveram, mais de acordo com as necessidades das pessoas que viviam nas ruas. O resultado foi uma empresa auto-sustentável que oferece serviços bancários básicos (descontos de cheques, depósitos e retiradas, cartões de débito), num ambiente amistoso e seguro, a custo mínimo para os moradores de

Downtown Eastside, sobretudo aqueles que enfrentavam barreiras para utilizar as instituições financeiras tradicionais.

Toda a infra-estrutura, inclusive terminais eletrônicos de auto-atendimento, serviços administrativos, treinamento, segurança permanente e combate à fraude, é fornecida pela Vancity, enquanto a Pigeon Park Savings é operada por uma equipe habilidosa, cujos membros têm larga experiência de rua com os integrantes da comunidade de Downtown Eastside.

O cultivo da natureza afetuosa de todos nós é estimulado na Vancity.

Outro projeto, a Potluck Café Society, surgiu de uma iniciativa de empregos para jovens com histórico de mal comportamento em 2000. O financiamento inicial foi liberado pela Vancity Community Foundation e pela Vancity Community Solutions Fund. Hoje, ela administra um café no saguão do Portland Hotel, um festejado projeto de moradia em Downtown Eastside. A Potluck oferece estágio em tempo integral para dez ex-residentes de risco do bairro. A Potluck Café Society não espera que todos se emendem imediatamente, por isso se compromete a manter o emprego do pessoal até que ele esteja pronto para prosseguir carreira em outra parte. Ela também distribui refeições nutritivas aos moradores do bairro, além de café da manhã, almoço e jantar com desconto para fregueses de baixa renda.

A Potluck Café Society é um empreendimento social que, com pouco lucro e capital modesto para subsidiar seus programas, consegue aumentar o número de refeições servidas aos moradores da área, provando que é auto-sustentável financeiramente e criando cada vez mais empregos igualmente sustentáveis. Seu objetivo é ajudar a transformar as vidas dos membros desta comunidade.

Os bancos tradicionais cobram mais do que os pobres conseguem pagar toda vez que se aproximam do caixa para descontar um cheque. Essas pessoas precisam encontrar trabalho para se reintegrarem na sociedade, mas os bancos comuns as vêem como clientes indesejáveis, que dão pouco lucro. Mowat e a Vancity as vêem como uma coisa só – como gente que precisa de um lugar *onde meu coração toca seu coração e nos enriquece a ambos como pessoas.*

Líderes conscientes não têm medo de ser líderes amorosos, de se relacionar com suas comunidades, consumidores, empregados, fornecedores e outros de uma maneira *amorosa* – não competitiva ou agressiva. O que talvez pareça não-convencional ou "espalhafatoso", como diz Dave Mowat, pode ser na realidade a sabedoria do bom senso por trás de uma organização.

Praticando a unidade recuperando nossa capacidade de amar e ser amados

Quando discutimos a palavra "amor" em nossas organizações, algumas pessoas dão de ombros e outras pensam que o amor é uma emoção e um sentimento que não têm lugar no ambiente de trabalho. Mas nós somos seres humanos *integrais*, nossas vidas não são peças isoladas, desconectadas – somos todos um – e ansiamos para ser amados e para amar em cada parte de nossa vida *total*, seja no trabalho, seja em casa. Muitos líderes limitam sua própria grandeza por deixarem de resolver sua insegurança emocional, ficando assim incapazes de exprimir ou partilhar suas emoções. Eis algumas reflexões para ajudar a remover o entulho de nosso caminho rumo à unidade:

- O que nos impede de sermos capazes de exprimir livremente nosso amor pelos outros?
- Que passos estamos dando no sentido de remover velhas feridas e crenças que vão nos permitir amar com inteira liberdade?
- Dizemos para aqueles a quem amamos como nos sentimos ou isso é um segredo que eles ainda não ouviram diretamente de nós?
- Quando alguém diz que nos ama, ficamos inspirados e nosso coração se enche. Quem precisa ser inspirado desta maneira – para experimentar os mesmos sentimentos ouvindo de nós as mesmas coisas?
- Os maiores líderes são os mais amados. O amor é sua chave para a grandiosidade. Você é um líder que ama e é amado?
- Com quem você vai praticar a fim de aprender e aperfeiçoar o hábito de amar plenamente?
- Quem precisa ser amado por você – agora?

CONCLUSÃO

Por que precisamos ser Amorosos?
Porque a maior necessidade do homem é Amar
e ser Amado – em todas as partes de nossas vidas – no trabalho
e na vida pessoal. É o Amor que constrói grandes relacionamentos –
em todos os lugares. Nós somos um.

REFLEXÕES PARA ESTIMULAR O AMOR

Em sua vida até agora, qual foi o momento em que você melhor ofereceu Amor incondicional às outras pessoas? Descreva este exemplo de quando você esteve em seu melhor momento pessoal de Amor.

____

____

____

____

____

____

Descreva uma situação atual em sua vida que, no fundo, você sabe que poderia ser melhorada se você fosse mais Amoroso. Ele já está dentro de você, portanto, de que modo aplicaria o mesmo nível de Amor, descrito no seu próprio exemplo acima, a esta situação atual?

____

____

____

____

____

____

Amar é receber um vislumbre do céu.

Karen Sunde

10

EFETIVIDADE

Amelie Noiseux aprendeu cedo na vida que ser honesto proporciona recompensas mais doces à alma do que o elogio e o prêmio imerecidos. Como muitas garotas de escola, Amelie, aos 9 anos, queria muito agradar à professora. Um belo dia, a oportunidade perfeita surgiu. Pouco antes do recreio, a professora fez uma pergunta à classe, prometendo um adesivo a quem respondesse corretamente. Amelie não sabia a resposta. E sentiu-se aliviada quando o sino tocou e a professora suspendeu a discussão até depois do recreio.

> Há mais em nós do que sabemos. Se pudéssemos vê-lo, talvez, pelo resto de nossas vidas não estaríamos dispostos a nos contentar com menos.
>
> *Kurt Hahn, fundador da organização sem fins lucrativos Outward Bound*

Amelie correu pelo pátio e logo encontrou a irmã, que estava numa classe mais adiantada da escola. A irmã de Amelie poderia lhe dizer a resposta para a pergunta da professora.

Depois do recreio, Amelie foi a primeira a levantar a mão e fornecer a resposta, que a professora declarou correta. Mas, enquanto antegozava o prêmio, ouviu a voz forte da consciência. O orgulho e a satisfação logo cederam lugar a sentimentos de vergonha e embaraço.

"Eu soube a resposta", Amelie confessou à professora e à classe, "mas porque perguntei à minha irmã mais velha."

Para sua surpresa, a professora replicou: "Eu a vi conversando com sua irmã durante o recreio e me perguntei se você nos contaria a verdade. Estou orgulhosíssima de você porque foi honesta. Merece dois adesivos como prêmio".

A efetividade é o resultado do compromisso com os outros Princípios CASTLE. Amelie se sentiu aliviada e feliz por ter tido a coragem de dizer a verdade. Dizer a verdade revelou-se, para ela, muitíssimo efetivo – ganhou dois adesivos –, ao passo que, não ser honesta lhe garantiria apenas um. Ela conquistou o amor da professora e o respeito dos colegas. E aprendeu uma lição sobre confiabilidade que orientou sua vida desde então.

Vinte anos depois desse acontecimento, recebi um telefonema.

"Dr. Secretan?"

"Sim", respondi.

"Meu nome é Amelie Noiseux. Há alguns dias, alguém esqueceu um livro no avião. Eu era a chefe da equipe do vôo. Pesquisei quem estivera sentado na poltrona e acredito que era o senhor. Se o livro for seu, gostaria que eu o enviasse?"

Este é o material de que as pessoas efetivas são feitas. Líderes conscientes que reúnem e inspiram outras pessoas efetivas como Amelie a montar grandes organizações à sua volta. Isso ocorre porque tais pessoas compreendem, a partir de um sentimento de unidade, que eu sou uma parte integrada do seu mundo, que quando eu o sirvo, eu sirvo a mim mesmo, e que, como um, fazemos as coisas funcionarem de maneira efetiva – pessoal e profissionalmente.

Perspectiva: lições de um artista

Meu amigo Don Campbell, vice-presidente de inovação de produto e tecnologia na gigante do software Cognos Incorporated, relata este maravilhoso exemplo de perspectiva e unidade:

> Minha experiência mais recente com a unidade se deveu a um novo *hobby*. Durante anos, desejei saber desenhar. Infelizmente, mesmo meu "homem de palito" era tão mal desenhado que era difícil reconhecê-lo como tal. Admirava quem tinha talento para desenhar, que eu sem dúvida não tinha. A despeito da aparente inutilidade da tarefa, vasculhei a Internet à cata de informação e examinei inúmeros livros em nossa biblioteca local.

Depois de passear pela teoria e pela prática, encetei aqueles primeiros passos atrevidos numa área que, estava seguro, só me aborreceria e desapontaria. Comprei o material de principiante necessário e comecei a fazer os exercícios. Revelei-me tão ruim no desenho quanto temia. Por sorte isso era explicável e superável. Parecia que eu andara observando meus temas da maneira errada – pelas lentes da separatividade. Para mim, um rosto se compunha de olhos, nariz, boca, orelhas, cabelos e alguns outros detalhes poucos. Meu cérebro soube logo como substituir uma representação conhecida destes elementos e a passá-los para o papel. O desenho saía rápido, mas longe de acurado.

Como se sabe, cada rosto é diferente. Cada expressão é única. Do claro e do escuro à forma e ao contorno, eu não representava o que via, mas sim o que pensava ver. Quando percebi que cada linha do rosto se mesclava sem costura a cada uma das outras, que a beleza e a sutileza do rosto estavam no modo como tudo funcionava em conjunto, consegui olhar para esse rosto com outros olhos – como uma coisa só – e desenhá-lo convenientemente. Nunca houvera nada de errado com meus dedos e mãos nem com a maneira de eles traçarem linhas sobre o papel. O problema eram meus olhos, meu cérebro e com o modo como eu interpretava o que via.

Após uns poucos meses de trabalho em meu novo *hobby*, estou espantado com o que posso produzir agora! Enquanto exercitava minhas habilidades para desenhar durante um vôo, recentemente, algumas das aeromoças me chamaram de artista. Na verdade, sou apenas uma criança aprendendo a ver. E, hoje, não posso olhar para um rosto sem atentar para o fluxo da pele e o modo como a luz dança, se reflete e se oculta ao longo de suas inúmeras curvas. Que bela visão!

Como Don Campbell nos mostra, o costume de ver a vida como peças separadas pode às vezes bloquear nosso caminho rumo à efetividade e para a realização. Muitas vezes, fazemos uma inovação ao contemplar o todo – a unidade daquilo que observamos.

Perspectiva: lições aprendidas no espaço

Até certo ponto, nossa efetividade depende de nossa perspectiva.

Buzz Aldrin, o piloto do módulo lunar da *Apollo 11*, certa vez falou a respeito da unidade e de sua visão da Terra a partir da Lua:

A presença suave e brilhante do planeta Terra no abismo negro tinha uma luminosidade primordial jamais capturada pelos fotógrafos. As imagens em filme não revelam as sombras sutis, o brilho e a profundidade da esfera viva que se projetava da treva enquanto eu navegava fora da Apollo 11... *A partir do azul-escuro do Mediterrâneo, toda a Europa e a África se desdobravam em suaves tons pastel, alheias a fronteiras políticas. E da superfície da Lua, onde eu podia cobrir com o polegar a sede de toda a história humana, a Terra parecia frágil como uma bola de Natal, deslizando qual balão perdido sobre o veludo negro do espaço. A imagem de uma Terra viva, passível de extinção, anula as ilusões do isolamento individual ou tribal. Ganhamos mais que altitude nestes 66 anos desde o vôo de* Kitty Hawk* *e a viagem à Lua. Não vemos mais a Terra como uma extensão do homem, mas o homem como uma extensão da Terra.*

Quando as pessoas pensavam que a Terra era plana, estavam erradas. Quando as pessoas pensavam que a Terra era redonda, estavam erradas. Mas, se você acha que pensar que a Terra é redonda está tão errado quanto pensar que ela é plana, então sua opinião está mais errada que as duas juntas.
Isaac Asimov

Gene Cernan, comandante da *Apollo 17*, oferece a seguinte perspectiva: "Era tão inspirador que você tinha de dar uma espiada a cada oportunidade. Belo demais para ter sido fruto do acaso. Para mim, foi como estar sentado na soleira dos fundos da casa de Deus, olhando para a minha".

É tudo uma questão de perspectiva, não? Como disse o imperador Marco Aurélio, "Tudo o que ouvimos é uma opinião, não um fato. Tudo o que vemos é um ponto de vista, não a verdade". O modo como vemos as coisas depende de um ponto de vista. Buzz Aldrin e Gene Cernan foram incrivelmente corajosos – eu me sinto nauseado ao me imaginar sentado, como eles, a milhares de quilômetros espaço afora, voltando os olhos para minha família, herança, civilização, espécie e legado potencial. No entanto, a coragem deles foi amplamente recompensada. Para Aldrin e Cernan – e para Amelie –, coragem, autenticidade, serviço, confiabilidade e amor produziram frutos incríveis. É isso que chamamos de efetividade.

Discutimos antes as deficiências de uma perspectiva fundada unicamente em dados, mas os dados são um dos componentes necessários da efetividade, por-

* Aldrin se refere ao local de onde os Irmãos Wright fizeram o primeiro vôo, em 1903. (NT)

que os dados numéricos nos capacitam a avaliar nossa efetividade. Buzz Aldrin e Gene Cernan nunca poderiam transmitir a beleza de sua experiência com dados apenas. Há aqui um paradoxo: como em qualquer projeto de grande porte, são necessários muitos dados para colocá-los na posição a partir da qual descreveram sua experiência, e, *antes* que esses dados e medidas pudessem ser alcançados, foi preciso o mito, o mistério e a magia.

Sanduíche de dados

A verdadeira efetividade começa com um sonho – uma visão extraída do mito, do mistério e da magia. Realizar um sonho, pois, depende dos detalhes corajosos da maestria para a implementação efetiva – de encaixar dados e medidas para chegar ao sonho. Depois que realizamos o sonho com sucesso, celebramos a criação de novos mitos, mistérios e magias. Todos os sonhos se realizam deste modo – e foi deste modo que pusemos o homem na Lua.

Pense nisso como um sanduíche de dados, com duas fatias exteriores de mito, mistério e magia – uma para sonhar o sonho e a outra para realizá-lo. Entre as duas, imagine uma camada de proficiência – dados, medidas, implementação e execução – extraída das profundezas do intelecto e da razão. As camadas exteriores e interiores, combinadas, representam o casamento da ciência com o mito, o mistério e a magia.

Num discurso ao Congresso em 25 de maio de 1961, o presidente John F. Kennedy sacudiu a imaginação do mundo com as seguintes palavras: "Acredito que esta nação deve se comprometer a realizar o objetivo de, antes do final da década em curso, pousar um homem na Lua e trazê-lo de volta em segurança à Terra". Eram palavras de puro mito, mistério e magia – a visão, a primeira fatia do sanduíche.

> Sou um idealista sem ilusões.
> *John F. Kennedy*

Dezoito meses depois, na Universidade de Rice, em Houston, Texas, Kennedy reafirmou o compromisso dos Estados Unidos com o pouso de um homem na Lua antes do final da década de 1960. Falou em termos filosóficos sobre a magia de solucionar os mistérios do espaço:

> A América jogou seu chapéu por cima do muro do espaço.
> *John F. Kennedy*

Nenhum homem pode entender por completo quão rápido e até onde chegamos, mas condensamos, simplificando, os 50 mil anos da história registrada do homem num lapso de tempo de apenas meio século. Posto nestes termos, sabemos muito pouco sobre os primeiros 40 anos, a não ser que no final deles o homem evoluído aprendeu a usar peles de animais para se cobrir. Então, há cerca de 10 anos, assim trajado, o homem emergiu das cavernas e pôs-se a construir outros tipos de abrigo. Há apenas cerca de 5 anos aprendemos a escrever e a usar um carro com rodas. O cristianismo começou há menos de 2 anos. A imprensa surgiu este ano e, há menos de 2 meses neste lapso de 50 anos de história humana, a máquina a vapor proporcionou uma nova fonte de energia. Newton explorou o mistério da gravidade. No mês passado, lâmpadas elétricas, telefones, automóveis e aviões se tornaram disponíveis. Só na última semana desenvolvemos a penicilina, a televisão e a energia nuclear e, agora, se a nova espaçonave americana tiver sucesso em chegar a Vênus, teremos literalmente alcançado as estrelas antes da meia-noite de hoje.

Sonhos originados do mito, do mistério e da magia da vida vão afundar se a segunda camada – a ciência, a maestria, a implementação e execução, os dados e medidas – não for incluída. São estes aspectos práticos que tornam o sonho real. E foi assim com a iniciativa espacial de Kennedy. Nos anos que se seguiram ao discurso na Universidade de Rice, o intelecto, a maestria e o pensamento racional de algumas das maiores mentes científicas do mundo se empenharam em tornar manifesto esse sonho, embora não sem desafios práticos. Conforme Kennedy descobriu, a implementação bem-sucedida exige que cada pessoa engajada nos estágios dos dados e nos científicos de um projeto – a camada do meio sanduíche – seja freqüentemente lembrada, e inspirada por ele, do sonho original. Kennedy acenava repetidamente para os cientistas com a inspiração do mito, do mistério e da magia, enquanto eles provavam os problemas científicos e técnicos no caminho da realização do sonho.

Vocês entendem a responsabilidade que eu carrego? Sou a única pessoa que se ergue entre Richard Nixon e a Casa Branca.
John F. Kennedy

Quando Kennedy perguntou ao administrador da NASA, James Webb, se considerava o pouso na Lua sua prioridade número um, Webb respondeu: “Não, senhor. Acho que é uma das prioridades número um da NASA”.

Isso fez Kennedy perceber os riscos envolvidos em promover o mito, o mistério e a magia de seu sonho para além da capacidade de realização da ciência, da maestria, dos dados e medidas. Ele acentuou para Webb que o pouso na Lua devia ser a prioridade número um.

"Isso é importante por razões políticas, por razões políticas internacionais", disse, enquanto ressaltava o sonho. "Precisamos ter bem claro que a política tem de ser que esta é a prioridade número um no programa da agência e uma... das principais prioridades do governo dos Estados Unidos. De outro modo não deveríamos gastar tanto dinheiro, pois não estou tão interessado assim no espaço. Arruinamos nosso orçamento e todos estes outros programas domésticos, e a única justificativa para tanto, em minha opinião, é fazê-lo dentro do prazo que pedi."

Essa declaração, pinçada em uma nova pesquisa na Biblioteca Kennedy, é notável. Mostra-nos que, ao contrário do que pensávamos, Kennedy não estava apaixonado pela aventura espacial tanto quanto queria ver os Estados Unidos fazer algo corajoso para demonstrar sua coragem e superioridade em inovação e criatividade. O lançamento do *Sputnik* pela Rússia, a 4 de outubro de 1957, mudara tudo, atraindo a atenção do mundo e apanhando o público americano de guarda baixa. De fato, a criação da NASA em julho de 1958 foi uma das reações americanas. O verdadeiro objetivo de Kennedy era inverter o sentimento de inveja espacial, transformando-o num impulso nacional de auto-estima.

Kennedy oferecia um sonho maior do que o pouso na Lua. Para ele, o espaço era uma oportunidade de restituir o mito, o mistério e a magia dos Estados Unidos – de criar uma coisa tão instigante psicológica e emocionalmente que fosse capaz de animar os americanos e dissipar a inimizade da Rússia. Os historiadores costumam atribuir o fim da Guerra Fria ao presidente Ronald Reagan e à Iniciativa de Defesa Estratégica, apelidada de "Guerra nas Estrelas", mas o reposicionamento psicológico dos Estados Unidos frente à Rússia, promovido por Kennedy, pode ter sido bem mais útil. Kennedy aproximou os americanos do mito, do mistério e da magia do espaço, e, dessa forma, plantou as sementes que acabaram por remover a Cortina de Ferro.

A quietude que envolve o espaço torna sua beleza ainda mais esmagadora. Só espero que essa serenidade possa um dia se espalhar sobre o meu país.
Ilan Ramon, primeiro astronauta israelense, morto no acidente da "Columbia".

Kennedy tinha o dom de inspirar tanto com os dados "internos" do sanduíche quanto com as fatias externas do mito, do mistério e da magia. Isso se nota em sua palestra na Universidade de Rice, onde ele se concentrou em dados para estimular as pessoas a acompanhá-lo em seu sonho:

> *Para ser franco, tudo isso nos custa um bocado de dinheiro. O orçamento espacial deste ano é três vezes maior que o de janeiro de 1961 e é maior do que o dos oito anos anteriores somados. É agora da ordem de 5,4 bilhões de dólares anuais – soma espantosa, embora um pouco menor que a que gastamos com cigarros e charutos todos os anos. Os gastos com o programa espacial logo subirão um pouco, passando de 40 centavos semanais por pessoa para mais de 50, incidindo sobre cada homem, mulher e criança nos Estados Unidos, porque demos ao programa uma alta prioridade nacional – apesar de eu perceber muito bem que, até certo ponto, isso se trata de um ato de fé, de um ato visionário, pois ainda não sabemos que benefícios nos aguardam. Mas se eu dissesse, meus concidadãos, que enviaremos à Lua, localizada a mais de 300 mil quilômetros da estação de controle em Houston, um foguete gigante de mais de 100 metros de altura, o comprimento deste campo de futebol, construído com novas ligas metálicas, muitas das quais ainda não foram inventadas, capazes de suportar níveis de calor e pressão muitíssimo superiores aos que já foram experimentados, justapostas com uma precisão que faria inveja ao mais delicado dos relógios, carregando todo o equipamento necessário para propulsão, orientação, controle, comunicações, alimentação e sobrevivência, numa missão nunca antes tentada a um corpo celeste desconhecido, para em seguida voltar com segurança à Terra, em cuja atmosfera reentrará a uma velocidade de quase 40 mil km por hora, provocando um calor equivalente a metade do que emana do Sol – isto é, quase tão quente quanto aqui, hoje –, fazendo tudo isso e fazendo-o do modo certo, e primeiro que todos no mundo antes do final da década em curso – então temos de ser corajosos.*

Kennedy era um mestre quando se tratava de entretecer mito, mistério e magia com ciência, dados, medidas e demais passos técnicos imprescindíveis para a concretização bem-sucedida de um sonho.

Em 21 de julho de 1969, Neil Armstrong tornou-se o primeiro homem a pousar na Lua, pisando em sua superfície, no Mar da Tranqüilidade, às 2:56h, horário de Greenwich, vinte minutos depois de abrir a escotilha da cápsula *Eagle* [Águia]. Buzz Aldrin permaneceu no módulo lunar e proferiu as primeiras palavras humanas da Lua: “Base da Tranqüilidade, *Eagle* pousou”. Acompanhou Armstrong no passeio pela superfície lunar vinte minutos depois.

Quando pôs o pé esquerdo no solo da Lua, Armstrong proferiu a frase famosa: “Este é um pequeno passo para o homem e um salto gigantesco para a humanidade”.

> Acredito que esta seja a mais extraordinária coleção de talento e conhecimento humano que jamais se reuniu na Casa Branca – com a possível exceção de quando Thomas Jefferson jantava sozinho.
>
> *John F. Kennedy*

Enquanto isso, Michael Collins informava ao controle da missão em Houston que completara com êxito uma órbita da Lua na nave-mãe *Columbia* e que a viagem de volta estava marcada para as 17:50h, horário de Greenwich, daquela tarde.

O sonho se realizara. O mundo estava encantado com o mito, o mistério e a magia deste sonho de explorar o espaço. Ironicamente, ou talvez apropriadamente para um homem que dissera “Uma pessoa pode morrer, nações podem crescer e decair, mas uma idéia persiste para sempre”, o presidente que concebera o sonho não viveu para vê-lo realizado. Mas sua visão superior inspirou o mundo. Hoje, tanto os americanos quanto outros povos consideram aquela uma idade de ouro.

O que torna um sanduíche saboroso é a combinação do que está fora com o que está dentro. Por si sós, quaisquer deles: dado, maestria, implementação, mito, mistério e magia não têm gosto. É a combinação que é deliciosa e, portanto, efetiva.

Seres humanos efetivos são seres humanos inspirados

Nosso papel como líderes é inspirar-nos uns aos outros para localizarmos e nutrirmos a grandeza oculta em todos nós. Seres humanos efetivos sempre buscam – e tendem a encontrar – seus iguais. Este é um dos atributos das grandes organizações. E comunidades de seres humanos efetivos criam grandeza em qualquer lugar – na corrida espacial, na escola, nas empresas, em casa, na igreja, no mundo.

> Aja sempre da melhor maneira – isso encantará alguns e causará espanto nos demais.
>
> *Mark Twain*

Essas não são idéias mutuamente exclusivas. Na verdade, a razão pela qual os líderes conscientes são efetivos é porque tratam os outros como criaturas sagradas e buscam a unidade inspirando-os *o tempo todo*.

Pessoas que pensam primeiro = Ka-ching

Mas como vamos medir a efetividade? É claro que o heroísmo do arquétipo guerreiro do líder já não é o melhor, ou mesmo o mais pertinente, critério para avaliar a efetividade dos líderes. Tampouco servem as medidas de renda, lucros, margens, fatia de mercado ou valor de ações, em si, muito secas. A liderança consciente tem a ver com liberar o potencial de seres humanos e isso significa o humano integral, e *todos* os seres humanos, não apenas alguns ou seu lado financeiro. E tem a ver com aprimorar a comunidade local e a global e ser sensível com a natureza. Vivemos num mundo real, que abrange a personalidade e a alma. Estamos cada vez mais conscientes de que temos de ser bem-sucedidos – isto é, efetivos – nas duas áreas. Por quê? Porque elas são uma só.

Em 1972, George Zimmer, aos 23 anos, entrou na loja Foley's em Houston para vender algumas capas de chuva infantis produzidas na fábrica de roupas de seu pai. O comprador convenceu George, como parte da transação, a receber de volta 10 mil dólares de estoque não-vendido. Mas no ano seguinte a generosidade de George não foi recompensada quando o comprador deixou de lado por completo os artigos de seu pai.

Arrasado, George investiu 7 mil dólares para arrendar uma loja própria, vendendo roupas masculinas a preços inferiores aos da Foley's. Hoje, a empresa de George é a famosa Men's Wearhouse, com setecentas lojas nos Estados Unidos, vendas de 1,7 bilhão de dólares e 10.400 funcionários em tempo integral.

Mais de trinta anos depois dessa experiência, George observa: "Como homens de negócios, temos uma oportunidade ímpar de ditar as regras, o que não é tão complicado quanto alguns mestres em Administração querem que acreditemos. De fato, a regra mais importante nas empresas ou na vida foi ditada há milhares de anos: 'Faça aos outros o que gostaria que os outros lhe fizessem'".

George atribui seu sucesso a um compromisso profundo com seus colegas.

"É simples", ele diz, "não estamos no ramo de roupas; estamos no ramo de pessoas. Todos os outros estão no ramo de roupas." Ele acrescenta: "Descobrimos que o nível de confiança que conquistamos de quem entra por nossas portas dependia do grau de confiança que depositávamos naqueles com quem trabalhamos".

Há alguns anos, George assombrou Wall Street, durante uma visita regular aos analistas, declarando que a Men's Wearhouse valorizava a relação com seus acionistas na seguinte ordem:

1. Empregados
2. Consumidores
3. Vendedores
4. Acionistas
5. Comunidades atendidas pela Men's Wearhouse

As ações caíram 20% no dia seguinte. Mas George não se preocupou. Sabia ter assustado os especuladores e que quem compreendera as implicações de longo prazo daquilo que ele estava construindo investiria na Men's Wearhouse em bases duradouras. E estava certo – as ações não voltaram a cair.

Um dos melhores serviços oferecidos pela Men's Wearhouse é o aluguel de trajes a rigor, lançado em 1999 e que hoje excede um milhão de transações por ano. Como parte do negócio, a companhia decidiu montar uma lavanderia interna em Houston, Texas, para lavar os trajes entre um aluguel e outro.

Vários anos antes, no começo da década de 1990, George convidara Rinaldo Brutoco para integrar a diretoria da Men's Wearhouse. Rinaldo, executivo bem-sucedido de fama internacional, consultor, fundador da World Business Academy e ambientalista dedicado, costumava ter uma visão holística, de longo prazo, das empresas e das atividades empresariais. Frente ao desafio de descobrir como lavar a seco trajes a rigor entre aluguéis, começou a pesquisar a maneira mais efetiva e ecologicamente correta.

A lavagem a seco é hoje, como se sabe, uma técnica que emprega produtos químicos tóxicos, principalmente o percloroetileno, mais conhecido como "perc", um solvente orgânico volátil reconhecidamente tóxico para o ambiente e prejudicial para a saúde das pessoas, sobretudo as que trabalham em lavanderias. Ele dá às roupas seu cheiro característico e biologicamente prejudicial de "recém-lavadas a seco". Apesar dos riscos, o perc ainda é o produto número um do mundo nas lavagens a seco porque é considerado o mais barato – sem considerar os danos ao ambiente e às pessoas.

Mas Rinaldo e George viam o perc como tudo, menos econômico, pois encaravam o assunto não como uma atividade separada e sim como parte do todo – visão baseada na unidade que incluía empregados, fregueses, fornecedores, comunidade e meio ambiente.

"A impressão geral, no ramo, é a de que a eliminação do perc é muito cara", diz Rinaldo, "e é uma verdade que usar um solvente não-tóxico exige mais investimento de capital e é, por isso, inicialmente mais oneroso. Mas também assegura mais durabilidade às roupas e pode, pois, pagar-se por si mesmo."

Conclui-se, pois, que o perc pode livrar as roupas da sujeira, mas não de modo muito suave; ele é um produto químico corrosivo que reduz a vida útil da roupa.

No início, os diretores financeiros não ficaram muito impressionados com as propostas de Rinaldo. Não queriam abandonar os padrões consagrados da atividade e repudiaram sua primeira sugestão, de usar dióxido de carbono como alternativa mais saudável e segura ao perc. Rinaldo apresentou um solvente à base de silicone, devidamente aprovado, como segunda opção – e os diretores financeiros a repeliram também.

> Um número muito grande de pessoas supõe estar pensando quando, na verdade, está apenas reajustando seus preconceitos.
> *William James*

George reafirmou então seu compromisso com os valores humanos, que estão no centro da Men's Wearhouse, declarando pura e simplesmente que não exporia seus empregados aos perigos do perc no prédio de Houston. Com base neste compromisso, Zimmer convidou Brutoco a fazer uma avaliação – a criar um sanduíche de dados – que mostrasse que o solvente à base de silicone poderia ampliar a vida útil das roupas em 25%. Isso significava que os trajes a rigor poderiam ser alugados durante um período de tempo 25% maior antes da necessidade de serem substituídos. Brutoco argumentou que o lucro financeiro auferido da maior durabilidade das roupas geraria a renda adicional para cobrir os custos maiores do uso do solvente à base de silicone.

O compromisso de George com a saúde e o bem-estar das pessoas – em sua própria organização e na comunidade –, de qualquer maneira, teria levado à implementação desta solução amistosa, mas os argumentos financeiros de Rinaldo revelaram-se o caminho para a efetividade – trazendo todos, inclusive a equipe financeira, para a mesa de reuniões a fim de poderem apoiar totalmente a decisão.

Hoje, a Men's Wearhouse é a maior locadora de smokings da América do Norte, lavando-os todos com produtos fora do padrão do ramo, atóxicos, inofensivos à saúde de seus empregados, fregueses e ao meio ambiente e que são, além disso, mais efetivos do que as alternativas tóxicas. A maior durabilidade das roupas aumenta o lucro de cada uma. Na verdade, a Men's Wearhouse abriu uma lavanderia independente em Houston onde se usa o solvente à base de silicone aprovado pela EPA;* no primeiro ano, ela conquistou 21% de todo o mercado de lavagem a seco de roupas da cidade.

O compromisso de George Zimmer com as pessoas, por meio da unidade e da liderança servidora, ajudou a orientar o crescimento contínuo de sua companhia, sem previsão de que pare. Ele prevê, para 2010, vendas no montante de 3 bilhões de dólares. Isso é especialmente notável se considerarmos que o mercado americano de roupas masculinas sob medida perde de 2 a 3% de volume por ano, que o número de roupas vendidas anualmente caiu 40% desde 1994, chegando a dez milhões, e que os empregados de lojas estão entre os mais mal pagos, o que resulta em grande rotatividade de pessoal.

A efetividade é o resultado direto da aplicação dos Princípios CASTLE – ser corajoso, autêntico, servidor, confiável e amoroso.

Você deve ter notado que quase todos os exemplos de empresas notáveis citados neste livro, inclusive Men's Wearhouse, Wegmans, Starbucks, Southwest Airlines e Alaska Wildland Adventures, e outras grandes companhias como FedEx, Medtronics e Pella, colocam as pessoas no topo de sua lista de prioridades – acima de consumidores ou acionistas.

A aplicação dos Princípios CASTLE permite-nos ser altamente efetivos em todas as áreas da vida – em casa, no trabalho, na escola ou onde quer que mantenhamos relações com os outros. A transformação é pessoal – ela começa pelo indivíduo, como nos mostram George Zimmer e Rinaldo Brutoco, mas seus efeitos se espalham por nossas atividades em círculos maiores e, assim, ensejam a transformação de outros. Ludi-

* Sigla de Environmental Protection Agency – Agencia de Proteção Ambiental. (NT)

briar George Zimmer, aos 23 anos, pode ter parecido um incidente isolado, separado, aos olhos do comprador da Foley's, mas não há atos sem conseqüência – nós somos um.

A efetividade como permissão econômica

A efetividade, nas esferas pessoal e empresarial, pode ser definida até certo ponto como *permissão econômica*, a qual é expressa na forma de lucro ou fluxo positivo de caixa, que nos permite continuar fazendo as coisas a que aspiramos neste mundo – como pessoas e como organizações. Em termos simples, dinheiro é energia, e o montante da energia-dinheiro que entra tem de ser igual à quantidade da energia-dinheiro que sai, o que se aplica igualmente a pessoas e organizações. Por esta medida, uma falta de permissão econômica indica ineficiência e, por essa razão, uma perda da prerrogativa de sermos corajosos, autênticos, servidores, confiáveis e amorosos – o restante dos Princípios CASTLE. Por quê? Porque todos nós podemos ser mais efetivos quando somos corajosos, autênticos, servidores, confiáveis e amorosos – como pessoas ou como organizações – quando ganhamos, e somos apoiados pela permissão econômica para fazê-lo.

A profundidade de sua mitologia é a extensão de sua efetividade.
John Maxwell

A ausência de permissão econômica veio a ser a ruína da Arthur Andersen, discutida no Capítulo 6. Resta pouca dúvida de que a Arthur Andersen estaria florescendo hoje se seus líderes, na época, fossem mais corajosos, mais autênticos, mais dedicados ao serviço aos outros, em lugar de a si mesmos, mais confiáveis e mais amorosos. E se eles tivessem sido tudo isso, teriam sido mais efetivos – e sobreviveriam. Mas a retirada da permissão econômica lhes tirou a oportunidade de serem corajosos, autênticos, servidores, confiáveis e amorosos – mesmo que eles tivessem escolhido esse caminho. Qualquer negócio (ou família, igreja, hospital, escola, corpo de bombeiros, prefeitura ou país) que praticar os Princípios CASTLE se tornará mais efetivo, o que significa mais bem-sucedido, viável, proficiente, inspirador e amado. Assim, quando somos efetivos desta maneira, nosso trabalho se fortalece. Tornamo-nos uma comunidade mais inspiradora e inspirada. E, por conseqüência, somos capazes de aumentar nossos investimentos para continuar a crescer.

Efetividade e a regra das corredeiras

Em 1997, Sue Ellen Cooper, de Fullerton, na Califórnia, então com 53 anos, caminhava por uma rua em Tucson, no Arizona, quando foi parada em sua trilha por um chapéu vermelho na vitrina de uma loja de artigos de segunda mão.

"Eu não precisava dele", conta ela. "Não tinha onde usá-lo. Não havia nenhuma boa razão para comprá-lo... Mas antes que eu percebesse, ele estava na minha cabeça, pendendo de forma atrevida sobre uma das sobrancelhas!"

Alguns meses depois, inspirada por aquele chapéu, deu a uma amiga, como presente de aniversário, um chapéu vermelho do mesmo modelo e uma cópia de um poema bastante conhecido. O poema, intitulado *Warning*, da poeta inglesa Jenny Joseph, adverte [para] "compensar a sobriedade de minha juventude" e começa com os seguintes versos:

Quando eu for velhinha, vestirei carmim
Com um chapéu vermelho que não sirva e não caia bem em mim.

Com o passar do tempo, Sue Ellen deu presentes semelhantes a três outras amigas íntimas. Em 1998, Cooper e essas quatro mulheres usavam seus chapéus vermelhos e se vestiam de carmim para o chá – e o grupo começou – havia chapéus vermelhos suficientes para um chá.

A idéia – mulheres de certa idade joviais e dispostas a divertir-se – se espalhou rápido e novos grupos se formaram nos Estados Unidos, depois no Canadá e em seguida no mundo inteiro. Hoje, a Red Hat Society [Sociedade do Chapéu Vermelho] é o que Sue Ellen chama de "desorganização" com 42 mil grupos e mais de um milhão de membros registrados, de todas as classes, nos cinqüenta Estados americanos e em trinta países. Elas usam todos os tipos de chapéus vermelhos, desde o modelo vaqueiro para piquenique, passando pelo belle sulista para reuniões de chá, aos de lã para dias frios e aos bonés vermelhos de beisebol para ocasiões informais.

A grande lição
dos místicos
autênticos é que o
sagrado está nas
coisas comuns,
que ele tem de ser
encontrado na vida
cotidiana,
nos vizinhos,
nos amigos,
na família,
no quintal...
Procurar milagres
em qualquer
outro lugar é
para mim indício
claro da ignorância
de que tudo
é miraculoso.
Abraham Maslow

O objetivo da Sociedade é a interação social e o estímulo à alegria, à brincadeira e à criatividade. Não há cerimônias iniciáticas, projetos de arrecadação de fundos, regras ou regimentos internos. Em vez disso há apenas a tendência à "Red Hattitude" [de *red hat*, chapéu vermelho] – uma disposição para sair, soltar-se, rir de si próprio e divertir-se. Esta disposição ajudará se você for sorteada para grupos locais com nomes do tipo *As Beldades do Chapéu Vermelho, As Irmãs Rá-Rá, As Quentes Reais do Chapéu Vermelho*, (ou As Quentes Hoosiers do Chapéu Vermelho se você estiver em Indiana), *As Mamães Turbulentas do Chapéu Vermelho ou As Berrantes do Chapéu Vermelho*.

"Aqui no Quartel-General do Chapéu em Fullerton, registramos todos os dias de cinqüenta a cem novos grupos no mundo inteiro", informa Sue Ellen. "Os nomes que eles escolhem são hilariantes. Cada grupo novo recebe algumas plumas como sinal de permissão para serem brincalhões e se divertirem."

Enquanto temos o dom da vida, parece-me que a única tragédia é permitir que uma parte de nós morra – seja ela nosso espírito, nossa criatividade ou nossa gloriosa singularidade.
Gilda Radner

Só os membros com 50 anos ou mais usam púrpura e vermelho. Membros com idades inferiores usam chapéus cor-de-rosa e roupas claras até completarem essa idade mágica.

As fundadoras dos grupos são chamadas "rainhas-mães" e não presidentes, e as outras integrantes são livres para escolherem títulos criativos para si mesmas, como Duquesa de Porcelana ou Baronesa Colecionadora de Botões. Sue Ellen é conhecida como Excelsa Rainha-Mãe e teme que transformar a Sociedade do Chapéu Vermelho em "outro lugar para se trabalhar num comitê" estrague a alegria.

"É apenas uma brincadeira", diz ela, "onde os membros podem descansar dos cuidados que dispensam aos outros. Queremos também modificar a visão que se costuma ter das mulheres idosas – queremos que elas sejam membros de valor de nossa sociedade."

Que fazem essas mulheres quando se reúnem? O que lhes dá na cabeça. Sabrina Contreras, vice-presidente de Merchandising e Desenvolvimento de Produto para a Red Hat Society, comenta: "Não estamos em cadeiras de balanço. Para nossas mulheres, vermelho significa ir em frente".

Alguns grupos se reúnem para almoço ou jantar, com "uniforme" completo, apenas para conversar. Muitas gostam de boás de plumas e anéis faiscantes. Algumas se encontram num restaurante uma vez por mês para cantar sucessos da Broadway. Outras vão a museus, ao teatro ou casas de diversão. Em agosto de 2004, as Red Hatters escolheram Branson, no Missouri, para sua Convenção. Milhares de membros do Meio-Oeste disputaram jogos, entraram num concurso de chapelões, participaram de um café da manhã de pijamas, brincaram e fizeram compras. E Red Hatters compram: "Está na natureza das mulheres cuidar de outras pessoas. Mas aqui nos damos permissão para descansar dessa tarefa", diz a fundadora Sue Ellen.

Isso talvez pareça uma brincadeirinha frívola – mas atentem para a efetividade do empreendimento: durante a convenção anual da Sociedade do Chapéu Vermelho no MGM Grand Hotel em Las Vegas – um dos maiores hotéis da cidade –, mais de cinco mil membros apareceram para o evento (Red Hat Society Big Deal Convention), cujos ingressos se esgotaram. As convidadas gastaram cada uma, em média, 400 dólares em compras no pavilhão provisório de 10.000 metros quadrados montado pela Sociedade, repleto de produtos e serviços de 30 sócios licenciados. Há uma agência de viagens oficial (Carlson), um MasterCard próprio, tênis fabricados pela Keds e misturas para bolo Duncan Hines. O grupo licencia oficialmente os produtos Red Hat Society, que vão de ornamentos de vidro da Christopher Radko a bordados da Candamar Designs – afora, é claro, os chapéus. Produtos podem ser adquiridos por meio do site da Internet redhatsociety.com ou em inúmeras lojas do varejo. A Sociedade lançou uma revista mensal ao preço de 4,99 dólares, *LifeStyle: The Official Publication of the Red Hat Society*, que logo conquistou 33 mil assinantes. Sue Ellen Cooper escreveu seu primeiro livro, *The Red Hat Society: Fun and Friendship After Fifty* (Warner Books, 2004), que vendeu cerca de 500 mil exemplares, e ao qual se seguiu, em 2005, *The Red Hat Society's Laugh Lines* (Warner Books).

Sue Ellen trabalha quarenta horas por semana em seu escritório de Fullerton, na Califórnia, supervisionando funcionários, respondendo a perguntas de membros, despachando material da Sociedade e registrando novos grupos. O marido dela, Allen, abandonou uma carreira de 32 anos na área de desenvolvimento de produtos e vendas para trabalhar em tempo integral na Sociedade, onde se encarrega de tecnologia e finanças. A filha Andrea é vice-presidente de Criatividade.

O enorme sucesso da Sociedade do Chapéu Vermelho reflete a ânsia profunda de unidade que existe entre as mulheres, inclusive as mais velhas, as quais, como quaisquer outros membros de nossa comunidade, desejam companheirismo, alegria e algum alívio das responsabilidades aparentemente infinitas da vida. A Sociedade oferece uma oportunidade para mulheres do mundo inteiro e com diferentes experiências de vida se reunirem a fim de celebrar o espírito de unidade. "A aceitação universal de qualquer pessoa que deseje ser membro é importantíssima para nós", garante Sue Ellen. "Queremos facilitar a adesão de todas".

É a "Regra das Corredeiras": usar a energia da paixão e da criatividade, seguindo os princípios da coragem, autenticidade, serviço, confiabilidade e amor leva à efetividade.

"Você conhece a corrida Toad na Disneylândia?", pergunta Sue Ellen. "Foi o que aconteceu em minha vida. Eu ia passando e de repente o caminho fez uma volta inesperada, tudo por causa de um chapéu vermelho. Tem sido muito divertido e estou pronta para o que quer que venha a seguir. Já fui incomensuravelmente longe; estou mais confiante que nunca. Mais importante ainda, a Sociedade do Chapéu Vermelho está fazendo uma grande diferença na vida das mulheres e isso tem um enorme valor para mim. A coisa mais importante é que apreendemos a importância de nos descontrairmos e de nos divertirmos, de nos darmos permissão para brincar. Quando isso acontece, a mudança já começou, pequena ou grande, não importa."

Não é porque as coisas são difíceis que não ousamos; é porque não ousamos que as coisas são difíceis.
Sêneca

Sonhos delirantes como voar para a Lua; montar uma indústria de roupas masculinas sob medida, que se preocupa com as pessoas e o ambiente, num mercado em declínio; e inspirar mulheres acima dos 50 a se divertirem, a contribuírem e a brincarem – todos são resultados efetivos de viver os princípios da coragem, autenticidade, serviço, confiabilidade e amor.

Liberando nossa capacidade de sonhar, recuperando nossos mitos, mistérios e magia, e seguindo o princípio simples de que somos todos um, somos capazes de realizar grandes coisas – maiores mesmo do que a maioria das pessoas acredita. Podemos inspirar seres humanos e organizações, realizar sonhos nacionais, elevar a auto-estima e alcançar novos padrões de desempenho. Não pela separatividade, mas pelo conhecimento de que somos um.

Praticando a unidade recuperando nossa efetividade

Que diferença fará você ter vivido sua vida? Você está realizando os sonhos, intenções e desejos sobre os quais depositou seu coração? O que interessa é levar a vida em frente, na direção da realização de sonhos e projetos para nossas organizações, nossos amigos e famílias, para nós mesmos, nossas comunidades e para o nosso planeta. Reflita sobre os seguintes pensamentos para auxiliar a aumentar sua efetividade pessoal e empresarial:

- O que você tenta realizar?
- Por quê?
- Como avaliará seus resultados? Como saberá que realizou seus sonhos?
- Você tem a coragem necessária para realizar seus sonhos?
- Seus sonhos e intenções são autênticos?
- Quem se beneficiará de suas realizações?
- Suas intenções são honestas e revestidas de verdade?
- Você ama as aspirações que estabeleceu, e as razões para alcançá-las?
- Elas serão alcançadas de uma maneira amorosa?
- De que modo você está cultivando as capacidades necessárias para obter os resultados desejados e realizar seus sonhos?
- Você está concentrado nos resultados? Ou se concentra em inspirar os outros, ajudando-os, assim, a obterem resultados?
- Quem o está ajudando? Qual é o investimento deles num resultado positivo para você?
- Você está disposto a achar um "Chapéu Vermelho" – de que não precisa – seguindo a energia, a "Regra das Corredeiras" que pode conduzi-lo a um nível de efetividade ainda maior do que aquele pelo qual você luta agora?

Conclusão

Por que precisamos ser Efetivos?
Porque nossa vida, no trabalho e no lazer,
será mais completa e bem-sucedida quando atingirmos
nossos objetivos físicos, materiais, intelectuais,
emocionais e espirituais – quando formos Efetivos.

REFLEXÕES PARA ESTIMULAR A EFETIVIDADE

Qual foi um dos momentos mais brilhantes de Efetividade em sua vida? Descreva este exemplo de quando você esteve no seu ponto mais alto de sua Efetividade pessoal:

____

____

____

____

____

____

Descreva uma situação atual em sua vida que, no fundo, você sabe que poderia ser melhorada por meio da prática de uma Efetividade maior. Ela já está dentro de você, portanto, de que modo aplicaria o mesmo nível de Efetividade, descrito em sua própria experiência acima, a esta situação atual?

____

____

____

____

____

____

O segredo da alegria no trabalho está contido numa palavra: excelência. Saber como fazer bem uma coisa é gostar dela.

Pearl Buck

CONCLUSÃO

A evolução da liderança

Durante as décadas de 1970 e 1980, tanto os praticantes quanto os teóricos da liderança começaram a reconhecer a fraqueza intrínseca dos sistemas de comando e controle que dominavam há muito tempo o pensamento administrativo. A teoria, a literatura e o exercício da liderança passaram a assumir feições mais humanas pelo reconhecimento daquilo a que podemos chamar "público nuclear" (significando consumidores e empregados, nessa ordem) no coração da organização, e, portanto, o foco central da atenção dos líderes. Consumidores e funcionários já não eram considerados separados da empresa, mas um com ela.

Essa consciência em formação convivia de maneira incômoda com as prioridades estabelecidas de acionistas e outros grupos de interessados no patrimônio. Observe que apenas alguns grupos eram classificados como "público nuclear", e notáveis exceções permaneciam fora dessa unidade, inclusive vendedores, fiscais, sindicatos, concorrentes, mídia, políticos, ambientalistas e comunidades. Estes, juntamente com o legado para a humanidade, continuavam vítimas do pensamento de separatividade. Apesar de estas "outras pessoas" também atraírem algum nível de atenção, elas não eram por si mesmas importantes. Em vez disso, elas só eram percebidas por sua utilidade em serem contribuintes essenciais ou potenciais obstáculos para os objetivos estratégicos futuros das organizações. Assim, essa postura representava uma continuação da filosofia da separatividade, mas com pouquíssimas concessões à unidade.

> Quando tentamos isolar qualquer coisa por si só, descobrimos que ela está emaranhada a tudo o mais no universo.
> *John Muir*

No final da década de 1990 e início da de 2000, teve lugar um acentuado declínio no pensamento centrado nas pessoas, arrastando consigo o enfoque nascente no público nuclear. Esta volta ao estilo "comando-e-controle" de liderança provocou uma regressão que quase cresceu até os níveis obtidos nos anos 1970. À medida que a nova década avançava, porém, as falhas dessa filosofia de "capitalismo selvagem" do estilo "comando-e-controle" de liderança se tornaram claras – a longa lista de concordatas de empresas, falências, processos criminais, destruição ambiental e queda dos níveis de satisfação de empregados e consumidores contavam a mesma história: a abordagem do "comando-e-controle", fundada na separatividade, era um fracasso.

A resposta a esse fracasso é o recente renascimento da liderança consciente, fundada numa compreensão maior da unidade. Tratar funcionários, consumidores, vendedores e acionistas, por exemplo, como sendo separados da organização, da comunidade ou do mundo revelou-se uma idéia falha – e muita gente sofreu por trabalhar nesses ambientes. Enquanto nos lembramos disso, começamos a entender e a voltar novamente para a verdade essencial da unidade. E "voltar" é uma palavra importante aqui. Conforme argumentei anteriormente neste livro, a unidade era a maneira como vivíamos nossas vidas há milhares de anos – a idade do mito, mistério e magia. Mas naquele tempo, praticávamos a unidade inconscientemente – vivendo-a sem compreender ou dar valor ao caráter sagrado de nossa unidade.

Agora, apresenta-se a nós uma oportunidade notável para nos tornarmos conscientes de nossa unidade – desta vez com a compreensão de quão especial e poderosa a unidade é. Praticar a unidade sem estar consciente dela é uma coisa; mas viver a unidade e entender por que o fazemos é incomensuravelmente mais poderoso. Ser claro a respeito do valor do mito, do mistério e da magia, ficando completamente gratos porque todos somos um, pode aprimorar a qualidade, o poder e a oportunidade para a liderança e para a vida de modos que talvez nunca tenhamos experimentado plenamente na história humana.

Quando preferimos apelar para os impulsos de nosso ego baseados no medo, investimos energia negativa no aprofundamento das diferenças entre nós e os outros, reforçando assim nosso compromisso com a separatividade. Quando transcendemos essa necessidade, trabalhando mais a partir de nossa alma do que de nossos egos, tornamo-nos cientes de nossa unidade intrínseca e reservamos mais tempo para viver dessa maneira, fortalecendo, assim, ainda mais nossa unidade. Todos os dias nos defrontamos com escolhas – separatividade ou unidade. Cabe a nós escolher com sabedoria e mudar o mundo, de acordo com nossa escolha. Graças à percepção consciente, podemos ver a mesma coisa com olhos diferentes.

> Depois de dormir por cem milhões de séculos abrimos os olhos, finalmente, num planeta suntuoso, de cores brilhantes e abundante de vida. Daqui a algumas décadas teremos de fechar nossos olhos de novo. Não será um modo nobre e esclarecido de passar nosso breve tempo à luz do sol trabalhando para a compreensão do universo e de como viemos acordar nele? É assim que respondo quando me perguntam – como o fazem, para minha surpresa, muitas vezes – por que me dou ao trabalho de levantar todas as manhãs.
>
> *Richard Dawkins*

Sobre ter novos olhos

Marcel Proust escreveu: "A verdadeira viagem de descoberta não vem de se buscar novas paisagens, mas de ter novos olhos". Os Princípios CASTLE nos oferecem novos olhos – olhos com os quais olhar à volta de nós para maravilhar-nos com nossa unidade e para ver o caráter sagrado de nossos semelhantes.

Um cirurgião que trabalhava no hospital de uma empresa de saúde que é nossa cliente contou-nos que, após aprender os Princípios CASTLE, passou a ver tanto o paciente quanto o bisturi pelas lentes do sagrado. Ele já era um grande cirurgião, mas agora via o bisturi como algo mais que um instrumento – ele o via como um instrumento *sagrado*. E não via mais o paciente como um "caso", simplesmente – mas como uma criatura sagrada.

Em conseqüência, realizava suas cirurgias com mais amor e cuidado ainda que antes. Os pacientes falavam a seus amigos sobre o grau extraordinário de habilidade e dedicação que ele revelava e, como resultado, o hospital começou a ver um aumento de novos pacientes que procuravam tratamento lá.

A coisa não parou por aí. Para o cirurgião, as enfermeiras e demais funcionários também pareciam agora

> Vou lhe contar um grande segredo, meu amigo: não espere pelo Juízo Final; ele acontece todos os dias.
> *Albert Camus*

diferentes – sagrados – e por isso ele passou a tratá-los de maneira diferente também, de uma perspectiva corajosa, autêntica, servidora, confiável e amorosa. Considerando-se que no hospital a rotatividade do corpo de enfermagem chegava a 30% ao ano e que 92% das enfermeiras relatavam ofensas verbais por parte dos médicos, essa nova atitude começou a modificar significativamente o relacionamento entre enfermeiras, médicos e demais funcionários. Em vez de se mostrarem nervosos, irritadiços e indiferentes, todos pareciam inspirados e, com o tempo, o número de demissões caiu.

O cirurgião sentiu-se, pois, inspirado a ter um desejo quase insaciável de ver as coisas de uma maneira nova. Olhando pelas lentes dos Princípios CASTLE, passou a perceber o elemento sagrado em todos os equipamentos e instalações, respeitando-os como nunca antes. Um equipamento respeitado dura mais, estraga-se pouco e custa menos para manter ou substituir. Tensões, cólera e hostilidade cedem lugar à tolerância, compreensão e amor.

Como resultado de tudo isso, toda a sala de operações e, por fim, o hospital inteiro se transformaram. A rotatividade da equipe diminuiu, a profundidade de visão aumentou, a taxa de mortalidade caiu, a efetividade clínica se aprimorou, as reputações se consolidaram, a participação no mercado se ampliou e os custos baixaram. Os Princípios CASTLE afetaram todos os setores da organização e a vida das pessoas que ali trabalhavam, tanto quanto as vidas de outros que faziam parte da unidade daquele sistema de saúde – fornecedores, pacientes, investidores, fiscais e aqueles que serviam na comunidade.

O hospital recebeu homenagens por reduzir como nenhum outro nos Estados Unidos, em um único ano, a taxa de mortalidade por doenças cardíacas. A rotatividade de mão-de-obra caiu de 24% para 11% em nove meses, gerando uma economia anual de 70 milhões de dólares. Os lucros aumentaram, apesar das difíceis condições do mercado; a rentabilidade passou de quase zero a uma das maiores na área da assistência médica. Esse foi o primeiro sistema de saúde nos Estados Unidos a implementar a iniciativa Six Sigma (um programa de administração que visa a melhorar a qualidade), mas com uma diferença – os responsáveis chamaram-no *Six Sigma Humano* porque, ao contrário de muitos programas

Six Sigma tradicionais, insistiram em não dispensar ninguém como conseqüência dos cortes de empregos que costumam ocorrer após a implementação desses processos.

Aplicar os Princípios CASTLE para vislumbrar a unidade em todos os relacionamentos é bom para o balanço e é bom para a alma.

O paradoxo é que, com exceção de um único aspecto, tudo e todos permaneceram os mesmos. A única diferença é que os empregados da organização continuaram a ver as mesmas coisas que viam antes, mas agora com olhos capazes de perceber o sagrado – a unidade – nos outros e em tudo o mais: um olhar santificado.

Esta é a mensagem deste livro. Os Princípios CASTLE, quando vividos plenamente, permitem-nos ver os laços sagrados entre todos e tudo – a unidade de pessoas e coisas. Estes seis princípios ajudam-nos a reformular a liderança e a vida. Em nossos papéis intercambiáveis de líderes e liderados, a prática diária dos Princípios CASTLE de coragem, autenticidade, serviço, confiabilidade, amor e efetividade nos ajuda a ver o mundo com novos olhos, revelando a perspectiva sagrada da unidade e dissolvendo a ilusão da separatividade. Esta, então, se torna nossa nova realidade...

...a realidade de que somos...

UM/ONE

Torne-se um membro da Comunidade *One*

Os últimos versos da ode à unidade de John Lennon, *Imagine*, convidam-nos a integrar a comunidade:

Você dirá que sou um sonhador,
Mas não sou o único.
Espero que um dia se junte a nós
E o mundo viverá como um.

ONE não é apenas um livro – é um dos instrumentos de um crescente movimento para mudar o mundo pelo redespertar do espírito e dos valores no trabalho. Se você quiser se juntar a esta vibrante comunidade de pessoas que desejam ver liderança mais consciente no mundo, há muitas avenidas abertas para você.

Como nos contatar:
The Secretan Center Inc.
P.O. Box 1050
Erin, Ontario
N0B 1T0
Canada
Fone: 519-927-5213
Fax: 519-927-3909
E-mail: info@secretan.com
Site: www.secretan.com

Site
Visite, por favor, nosso site principal em www.secretan.com e o site de *ONE* em secretan.com/one. Neles você encontrará muitas idéias úteis, um *blog*, *downloads* grátis, *links* com materiais que o ajudarão a ampliar o estudo de *ONE* e informações sobre como organizar uma discussão em grupo do livro.

No Brasil
Willis Harman House
Rua Lisboa, 328 São Paulo SP
05413-000
(011) 3064-4630
E-mail: contato@willisharmanhouse.com.br
Site: www.willisharmanhouse.com.br

Idéias, Seminários, Retiros, Consultoria e Assistência
Se quiser contratar Lance Secretan para promover sua conferência, grupo ou organização, entre neste site: **www.secretan.com/meetingplanners.php**
Se desejar que algum membro do Secretan Center trabalhe com você, entre em contato conosco por meio das coordenadas acima.

Para aprender mais:
Se precisar de recursos adicionais para aplicar mais plenamente *ONE* à sua vida ou organização, por favor, visite nosso *site*. Há professores e orientadores aptos a ajudá-lo em sua jornada rumo à unidade no mundo inteiro.

www.secretan.com/one